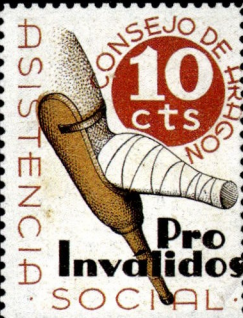  

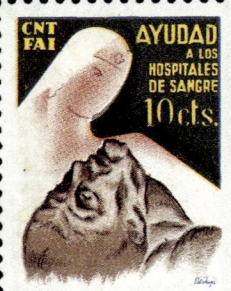 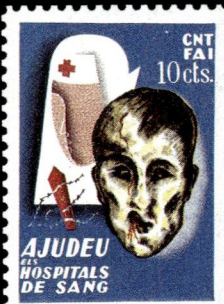 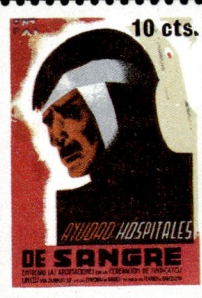    

  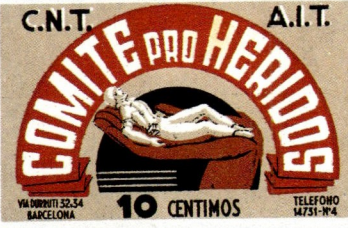  

  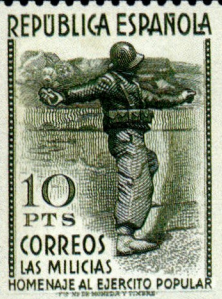   
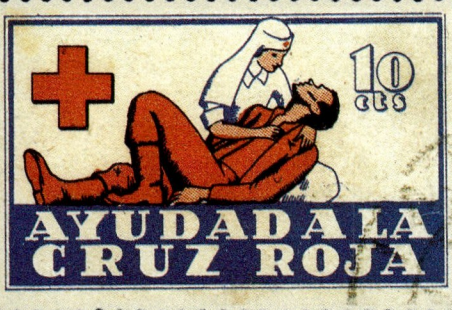     

     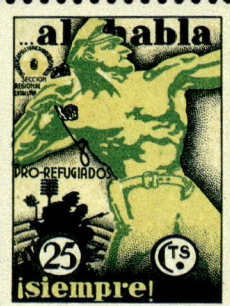 

VIÑETAS REPUBLICANAS

VIÑETAS NACIONALISTAS

SELECCIÓN
ORDENACIÓN
MAQUETACIÓN
TEXTOS
ÍNDICES:
JORDI CARULLA
ARNAU CARULLA

PREIMPRESIÓN:
FOINSA
Ptge. Gaiolà, 13-15 – 08013 Barcelona

IMPRESIÓN:
SYL
Silici, 9 – 08940 Cornellà de Llobregat – Barcelona

Primera Edición: enero 2000

"Todos los derechos de esta edición son reservados.
Queda rigurosamente prohibida, sin la autorización escrita de los titulares del COPYRIGHT,
La reproducción parcial o total de esta obra por cualquier medio o procedimiento, comprendiendo la reprografía y el tratamiento informático."
© de las producciones autorizadas, VEGAP, Barcelona, 1999

POSTERMIL, S.L. - Aribau, 185 -08021 Barcelona
Teléfono 93 209 09 48 - Fax. 93 200 56 33

I.S.B.N: 84-931078-0-8
Depósito Legal: B-37.471-1999

EL COLOR DE LA GUERRA

THE COLOR OF WAR

SPANISH CIVIL WAR. 1936 - 1939

Jordi Carulla - Arnau Carulla

POSTERMIL, S.L.
BARCELONA 2000

ÍNDICE POR PÁGINAS

PAG.	ARTISTA	TITULO	AÑO	MEDIDAS V	H	PATROCINADOR	IMPRESION
10	BARDASANO, JOSE	ESPAÑA, CUYAS SEIS LETRAS SONORAS RESTALLAN HOY	1936	214	158	CARTEL OFICIAL	VALENCIA
11	OPISSO, R.	14 ABRIL 31	1931	65	49	ELECCIONES 1931 - 1936	BARCELONA
12	MORELL, JOSEP	LLIGA CATALANA. PER UNA CATALUNYA VIVA	C1935	124	90	ELECCIONES 1931 - 1936	BARCELONA
13	MORELL, JOSEP	FRONT CATALA D'ORDRE	1936	124	91	ELECCIONES 1931 - 1936	BARCELONA
14	YELO	GIL ROBLES. LUCIA. VALENCIA	1935	32	23	ELECCIONES 1931 - 1936	VALENCIA
15	MORELL, JOSEP	GIL ROBLES . MONUMENTAL	1935	100	70	ELECCIONES 1931 - 1936	BARCELONA
16	ARTECHE	PER ELLS ! VOTA LES ESQUERRES	1936	100	71	ELECCIONES 1931 - 1936	BARCELONA
17	MARTIN	IZQUIERDA REPUBLICANA. MUJER	C1935	30	63	ELECCIONES 1931 - 1936	MADRID
17	MARTIN	IZQUIERDA REPUBLICANA. CIUDADANO	C1935	30	63	ELECCIONES 1931 - 1936	MADRID
17	MARTIN	IZQUIERDA REPUBLICANA. OS INVITA AL MITIN	C1935	30	63	ELECCIONES 1931 - 1936	MADRID
18	ANONIMO	AUCA DE FRANCESC MACIA	1932	112	77	ELECCIONES 1931 - 1936	BARCELONA
19	FOTO AGULLO	MADRILEÑOS CATALUÑA OS AMA. COMPANYS	1937	110	78	GENERALITAT CATALUNYA.	BARCELONA
20	FOTOCOMPOSICION ANONIMA	CATALUNYA VENCIO AL FASCISMO	1936	196	137	GENERALITAT CATALUNYA.	BARCELONA
21	ITURZAETA	CADA BALA UN OBJETIVO. C.N.T. F.A.I.	1936	100	71	C.N.T. F.A.I.	MADRID
22	GIMENEZ	NO PASAREIS. C.N.T. F.A.I.	C1937	100	69	C.N.T. F.A.I.	BARCELONA
23	BALLESTER, ARTURO	C.N.T. 19 JULIOL	1936	160	110	C.N.T. A.I.T.	VALENCIA
24	MONLEON, MANUEL	PABLO IGLESIAS. TRBAJADORES DE TODOS LOS PAISES UNIOS	1938	100	71	U.G.T.	VALENCIA
25	CANET	U.G.T. UNIFICACION	1937	115	85	U.G.T.	VALENCIA
26	RAGA	U.G.T. COMO HA SEMBRADO LA IGLESIA SU RELIGION EN ESPAÑA	C1936	118	86	U.G.T.	VALENCIA
27	SOLA	UNIO ES FORCA	1936	101	71	U.G.T. C.N.T.	BARCELONA
28	COMPANY	LA TRASFORMACIO ECONOMICO SOCIAL DEL MON	1937	103	70	I.C.E.C.	BARCELONA
29	VICENS I LAU	TRBALLADORS MERCANTILS C.A.D.C.I.	C1937	100	72	C.A.D.C.I.	BARCELONA
30	ANONIMO	SINDICATO ALIMENTACION. IND.GASTRONOMICA. C.N.T. A.I.T.	C1937	100	140	C.N.T. A.I.T.	MADRID
30	ANONIMO	FEDERACION REGIONAL IND. SIDEROMETALURGICA. C.N.T. A.I.T.	C1937	100	140	C.N.T. A.I.T.	MADRID
31	OBIOLS, J.	U.G.T. AVANT	C1937	90	66	U.G.T.	BARCELONA
32	SANZ MIRALLES	C.N.T. F.A.I. A.I.T. LA BARRERA INEXPUGNABLE	C1936	160	110	C.N.T. F.A.I.	VALENCIA
33	VIDAL TONY	C.N.T. F.A.I. 19 JULIOL 1936	1936	52	68	C.N.T. F.A.I.	BARCELONA
33	CALSINA	C.N.T. F.A.I. LA BARRICADA	1936	47	58	C.N.T. F.A.I.	BARCELONA
34	ESPERT - BRIONES	I.R. AL PUEBLO RUSO	1937	100	70	IZQUIERDA REPUBLICANA	MADRID
35	MAGAN	I.R. LA BANDERA DE LA VICTORIA.	1937	100	70	IZQUIERDA REPUBLICANA	MADRID
36	MONLEON, MANUEL	P.S. TIERRA MAR Y AIRE	1937	100	69	PARTIDO SINDICALISTA	VALENCIA
37	MONLEON, MANUEL	P.S. LA UNICA CONSIGNA: VENCER	1937	100	70	PARTIDO SINDICALISTA	VALENCIA
38	RENAU, JOSEP	CAMPESINO DEFIENDE CON LAS ARMAS AL GOBIERNO QUE TE DIO LA TIERRA	1936	150	105	MINISTERIO DE AGRICULTURA	VALENCIA
39	RENAU, JOSEP	P.C.E. PARTIDO COMUNISTA DE ESPAÑA	1938	99	69	PARTIDO COMUNISTA DE ESPAÑA	BARCELONA
40	RENAU, JOSEP	LOS MARINOS DE CRONSTADT	C1936	155	105	MINISTERIO DE INSTRUCCION PUBLICA	VALENCIA
41	RENAU, JOSEP	P.C.E. EL COMISARIO	1937	70	100	PARTIDO COMUNISTA DE ESPAÑA	VALENCIA
41	RENAU, JOSEP	P.C.E. OBREROS, CAMPESINOS, SOLDADOS, INTELECTUALES	1937	86	116	PARTIDO COMUNISTA DE ESPAÑA	VALENCIA
42	RENAU, JOSEP	A.U.S. 19 ANOS DE UNION SOVIETICA	1936	99	68	AMIGOS DE LA UNION SOVIETICA	MADRID
43	MONENY, ENRIC	A.U.S. CIUTADANS ADHERIUVOS	1937	90	66	AMIGOS DE LA UNION SOVIETICA	BARCELONA
44	REPA LIENAS	P.O.U.M. EL SOCIALISMO ES LA LIBERACION	1936	137	100	PARTIDO OBRERO DE UNIFICACION MARXISTA	BARCELONA
45	FONTSERE	P.O.U.M. POR EL SOCIALISMO	C1936	140	100	PARTIDO OBRERO DE UNIFICACION MARXISTA	BARCELONA
46	ARTECHE	E.R.C. PARE QUE NO VEIEU QUE ENS MATEN ?	1937	117	85	ESQUERRA REPUBLICANA DE CATALUNYA	BARCELONA
47	GOÑI	P.S.U.C. ELS PROVOCADORS DIUEN : NO FORMEU L'EXERCIT POPULAR	1937	100	70	PARTIDO SOCIALISTA UNIFICADO DE CATALUNYA	BARCELONA
48	GOÑI	P.S.U.C. TU ? QUE HAS FET PER LA VICTORIA	1937	100	70	PARTIDO SOCIALISTA UNIFICADO DE CATALUNYA	BARCELONA
49	BARDASANO, JOSE	18 JULIO. 1936 / 1937	1937	100	71	CARTEL OFICIAL 1er ANIVERSARIO	MADRID
50	BARDASANO, JOSE	P.S.U.C. POBLE DE CATALUNYA	1938	140	100	PARTIDO SOCIALISTA UNIFICADO DE CATALUNYA	BARCELONA
51	ANONIMO	P.S.U.C. PLA DE LA VICTORIA	1937	140	100	PARTIDO SOCIALISTA UNIFICADO DE CATALUNYA	BARCELONA
52	MORELL, JOSEP	CON EL EJERCICIO FISICO LUCHAREIS SIN ESFUERZO	C1937	69	48	I.G.S.M. SANIDAD MILITAR	BARCELONA
53	MARTI BAS, JOAQUIN	31 DIVISION. ACTIVIDADES EN EL FRENTE	1937	102	71	31 DIVISION	BARCELONA
54	BARDASANO, JOSE	LAS 10 REIVINDICACIONES DE LA JUVENTUD	1937	109	81	JUVENTUDES SOCIALISTAS UNIFICADAS	VALENCIA
55	BARDASANO, JOSE	LAS 10 REIVINDICACIONES DE LA JUVENTUD	1937	109	81	JUVENTUDES SOCIALISTAS UNIFICADAS	VALENCIA
56	GIMIVICH	U.G.T. GUANYAREM LA GUERRA	1937	100	70	UNION GENERAL DE TRABAJADORES	BARCELONA
57	PARRILLA	J.D.D.D.M. 1° GANAR LA GUERRA. MENOS PALABRAS VANAS	1937	100	71	JUNTA DELEGADA DEFENSA DE MADRID	MADRID
58	CARMONA	OFENSIVA PARA EUZKADI	1937	140	100	GENERALITAT CATALUNYA	BARCELONA
59	MARTI BAS, JOAQUIN	DEFENSAR MADRID ES DEFENSAR CATALUNYA	C1937	140	100	GENERALITAT CATALUNYA	BARCELONA
60	ANONIMO	AUCA DE QUEIPO DE LLANO	C1937	125	90	GENERALITAT CATALUNYA	BARCELONA
61	ANONIMO	AUCA. NUM.3. ALLELUYAS DE LA DEFENSA DE MADRID	C1937	50	35	GENERALITAT CATALUNYA	BARCELONA
62	CAÑAVATE	J.D.D.M. EVACUAD MADRID.	1937	100	72	JUNTA DELEGADA DEFENSA DE MADRID	MADRID
63	BARDASANO, JOSE	P.C.E. CONDICIONES PARA GANAR LA GUERRA. SERIE DE 8 CARTELES	1937	97	67	PARTIDO COMUNISTA DE ESPANA	MADRID
64	MIRO	AIDEZ L'ESPAGNE	1937	32	24	INTERNACIONALIZACION DEL CONFLICTO	PARIS
65	COLIN PAUL	SECOURS POPULAIRE POUR L'ESPAGNE REPUBLICAINE	1946	120	80	INTERNACIONALIZACION DEL CONFLICTO	PARIS
66	R.	U.G.T. TREBALLADORS	1936	100	69	U.G.T. SOLIDARIDAD FRENTE AL FASCISMO	BARCELONA
67	MORALES	LOS NACIONALES. MINISTERIO DE PROPAGANDA	1937	114	83	MINISTERIO DE PROPAGANDA	MADRID
68	PARRILLA	LA UNIDAD DEL EJERCITO DEL PUEBLO SERA EL ARMA DELA VICTORIA	1937	100	70	BRIGADAS INTERNACIONALES	MADRID
69	PARRILLA	LOS INTERNACIONALES	1937	100	72	BRIGADAS INTERNACIONALES	MADRID
70	ANONIMO	ES UNA PROMESA DE PAZ EN UNA VOLUNTAD DE GUERRA	1938	70	50	NEGRIN Y EL GOBIERNO DE UNION NACIONAL	MADRID
71	AUGUSTO	P.S.O.E. EL SOCIALISMO FORJARA UNA NUEVA ESPAÑA.	C1937	93	63	PARTIDO SOCIALISTA OBRERO ESPAÑOL	MADRID
72	PARRILLA	CAMARADAS DE LA RETAGUARDIA	1938	100	70	COMISARIADO DE GUERRA	VALENCIA
73	ANONIMO	LA FORTIFICACION Y EL COMBATIENTE. SERIE DE 9 CARTELES	C1937	100	71	ESTUDIO DE LA COMANDANCIA	MADRID
74	BALLESTER, ARTURO	C.N.T. UN MARINO : UN HEROE	1937	160	106	CONFEDERACION NACIONAL DEL TRABAJO	VALENCIA
75	BALLESTER, VICENTE.	C.N.T. BRAVOS MARINOS	C1937	160	110	CONFEDERACION NACIONAL DEL TRABAJO	VALENCIA
76	BRIONES	AVIACION REPUBLICANA	1937	113	80	UHP. UNION HERMANOS PROLETARIOS	MADRID
77	WILA	POR UN SINDICATO FUERTE	1937	100	70	SECRETARIADO DE PROPAGANDA	VALENCIA
78	ANONIMO	NO ADELANTES EN CONVOY	C1937	100	70	EJERCITO DEL CENTRO	MADRID
79	ANONIMO	C.N.T. FEDERACION REGIONAL DE LA INDUSTRIA DEL TRANSPORTE	C1937	91	66	CONFEDERACION NACIONAL DEL TRABAJO	MADRID
80	OBIOLS, R.	SINDICATO UNICO TRANSPORTE. SERVICIOS PUBLICOS URBANOS	1936	100	70	C.N.T. F.A.I. A.I.T.	BARCELONA
81	HELGUERA, JESUS	ABASTECIMIENTO DEL FRENTE	C1937	100	70	MINISTERIO DE INSTRUCCION PUBLICA	MADRID
82	ANONIMO	S.R.I. ESTA DONDE PRECISA	C1937	69	50	SOCORRO ROJO INTERNACIONAL	VALENCIA
83	PUYOL	S.R.I. EL RUMOR	1936	88	65	SOCORRO ROJO INTERNACIONAL	VALENCIA
84	VICENTE	S.I.A. AYUDA ALAS VICTIMAS DEL FASCISMO	C1937	100	70	SOLIDARIDAD INTERNACIONAL ANTIFASCISTA	BARCELONA
85	HENRY BALLESTEROS	AIDEZ LA CROIX ROUGE ESPAGNOLE	1936	107	76	INTERNACIONALIZACION DEL CONFLICTO	BARCELONA
86	PARRILLA	EL INVIERNO ES UN ENEMIGO MAS. GRANADA	1938	101	71	EL FRIO Y LAS CAMPANAS DE INVIERNO	VALENCIA
87	E.V.	C.N.T. A.I.T. EN EL FRENTE HACE FRIO	1937	107	74	EL FRIO Y LAS CAMPANAS DE INVIERNO	MADRID
88	PARRILLA	ARRANQUEMOS LA MASCARA AL PROVOCADOR	1937	99	71	VIGILANCIA EN LA RETAGUARDIA	MADRID
89	BOFARULL	NO TOLEREU CAP EMBOSCAT	1937	140	100	VIGILANCIA EN LA RETAGUARDIA	VALENCIA
90	FONTSERE	P.S.U. U.G.T. DONES ! TREBALLEU	1936	138	100	LA MUJER Y LA GUERRA	BARCELONA
91	PENAGOS, RAFAEL DE	TU QUE DISTE LA VIDA AL NIÑO SALVA DE LA MUERTE AL HOMBRE	1937	56	40	LA MUJER Y LA GUERRA	VALENCIA
92	RABALS	C.N.T. U.G.T. SETMANA DE L'INFANT	1937	100	70	LA ATENCION A LA INFANCIA	BARCELONA
93	SIM. REY VILA	C.N.T. U.G.T. ALIVIA LA AUSENCIA DEL PADRE .. CON TUS DONATIVOS	1937	100	70	LA ATENCION A LA INFANCIA	BARCELONA
94	AMSTER M.	EL INSTITUTO PARA OBREROS. MADRID	C1938	160	110	EDUCACION Y CULTURA	VALENCIA
95	BALLESTER, ARTURO	EL PAIS VALENCIA A LA AVANTGUARDA D'IBERIA	1936	31	21	EDUCACION Y CULTURA	VALENCIA
96	PEREZ CONTEL	S.R.I. SOLIDARIDAD. PORTAVOZ DEL COMITE PROVINCIAL	1937	91	63	PERIODICOS Y REVISTAS	VALENCIA
97	GOMEZ, HELIOS	L'OPINIO	1936	110	68	PERIODICOS Y REVISTAS	BARCELONA
98	CABANAS	POR LAS ARMAS	1938	100	68	CARTEL NACIONALISTA	
99	BERTUCHI	AL TERCIO. UN CUERPO GLORIOSO DEL EJERCITO ESPAÑOL OS ESPERA	C1929	108	69	CARTEL NACIONALISTA	
100	FLOS	YO CUMPLI. SUBSIDIO AL COMBATIENTE	C1940	100	67	CARTEL NACIONALISTA	
101	ANONIMO	1ª CRUZADA. ESPAÑA ORIENTADORA ESPIRITUAL DEL MUNDO	C1937	100	70	CARTEL NACIONALISTA	
102	SAENZ DE TEJADA	POR LA MADRE Y EL HIJO POR UNA ESPAÑA MEJOR	1938	100	70	CARTEL NACIONALISTA	
103	SAENZ DE TEJADA	CARA AL SOL. CANCION DE LA FALANGE	C1940	31	30	CARTEL NACIONALISTA	
104	RIBERA PACO	FRANCO. LA GUERRA HA TERMINADO.	1939	68	94	CARTEL NACIONALISTA	
104	ANONIMO	18 JULIO ESPAÑA LIBRE	C1939	100	72	CARTEL NACIONALISTA	
104	MORELL, JOSEP	HA LLEGADO ESPAÑA	1939	125	90	CARTEL NACIONALISTA	
105	BELLVER Y DIAGO	VALENCIA. GRAN FERIA DE JULIO. AÑO DE LA VICTORIA	1939	102	72	CARTEL NACIONALISTA	
106	ANONIMO	ALCAZAR . LA GUERRE D'ESPAGNE.	1939	160	120	CARTEL NACIONALISTA	
107	CLAPERA	CAMPAMENTOS DE O.J.	C1940	56	38	CARTEL NACIONALISTA	
108	VARIS	MEDALLERO NACIONALISTA	1940	555	77	CARTEL NACIONALISTA	
109	ANONIMO	REINARE EN ESPAÑA. UNA GRANDE LIBRE	1939	61	48	CARTEL NACIONALISTA	

ÍNDICE POR ARTISTAS

PAG	ARTISTA	TITULO	AÑO	MEDIDAS		PAG EN LIBRO			
				V	H	CAT	ESP	G.C.	PUB
94	AMSTER M.	EL INSTITUTO PARA OBREROS. MADRID	C1938	160	110			428	
18	ANONIMO	AUCA DE FRANCESC MACIA	1932	112	77			123	
30	ANONIMO	SINDICATO ALIMENTACION. IND.GASTRONOMICA. C.N.T. A.I.T.	C1937	100	140			456	
30	ANONIMO	FEDERACION REGIONAL IND. SIDEROMETALURGICA. C.N.T. A.I.T	C1937	100	140			456	
51	ANONIMO	P.S.U.C. PLA DE LA VICTORIA	1937	140	100			299	
60	ANONIMO	AUCA DE QUEIPO DE LLANO	C1937	125	90			516	
61	ANONIMO	AUCA. NUM.3. ALLELUYAS DE LA DEFENSA DE MADRID	C1937	50	35			515	
70	ANONIMO	ES UNA PROMESA DE PAZ EN UNA VOLUNTAD DE GUERRA	1938	70	50			316	
73	ANONIMO	LA FORTIFICACION Y EL COMBATIENTE. SERIE DE 9 CARTELES	C1937	100	71			368	
78	ANONIMO	NO ADELANTES EN CONVOY	C1937	100	70			356	
79	ANONIMO	C.N.T. FEDERACION REGIONAL DE LA INDUSTRIA DEL TRANSPORTE	C1937	91	66			360	
82	ANONIMO	S.R.I. ESTA DONDE PRECISA	C1937	69	50			264	
101	ANONIMO	1ª CRUZADA. ESPAÑA ORIENTADORA ESPIRITUAL DEL MUNDO	C1937	100	70			542	
104	ANONIMO	18 JULIO ESPAÑA LIBRE	C1939	100	72			544	
106	ANONIMO	ALCAZAR . LA GUERRE DE'ESPAGNE.	1939	160	120			587	
109	ANONIMO	REINARE EN ESPAÑA. UNA GRANDE LIBRE	1939	61	48			536	
16	ARTECHE	PER ELLS ! VOTA LES ESQUERRES	1936	100	71			140	
46	ARTECHE	E.R.C. PARE QUE NO VEIEU QUE ENS MATEN ?	1937	117	85			338	
71	AUGUSTO	P.S.O.E. EL SOCIALISMO FORJARA UNA NUEVA ESPAÑA.	C1937	93	63			176	
23	BALLESTER, ARTURO	C.N.T. 19 JULIOL	1936	160	110			158	
74	BALLESTER, ARTURO	C.N.T. UN MARINO : UN HEROE	1937	160	106			340	
95	BALLESTER, ARTURO	EL PAIS VALENCIA A LA AVANTGUARDA D'IBERIA	1936	31	21			432	
75	BALLESTER, VICENTE.	C.N.T. BRAVOS MARINOS	C1937	160	110			341	
10	BARDASANO, JOSE	ESPAÑA, CUYAS SEIS LETRAS SONORAS RESTALLAN HOY	1936	214	158			103	
49	BARDASANO, JOSE	18 JULIO. 1936 / 1937	1937	100	71			276	
50	BARDASANO, JOSE	P.S.U.C. POBLE DE CATALUNYA	1938	140	100			278	
54	BARDASANO, JOSE	LAS 10 REIVINDICACIONES DE LA JUVENTUD	1937	109	81			214	
55	BARDASANO, JOSE	LAS 10 REIVINDICACIONES DE LA JUVENTUD	1937	109	81			215	
63	BARDASANO, JOSE	P.C.E. CONDICIONES PARA GANAR LA GUERRA. SERIE DE 8 CAFTELES	1937	97	67			294	
105	BELLVER Y DIAGO	VALENCIA. GRAN FERIA DE JULIO. AÑO DE LA VICTORIA	1939	102	72			551	
99	BERTUCHI	AL TERCIO. UN CUERPO GLORIOSO DEL EJERCITO ESPAÑOL OS ESPERA	C1929	108	69			539	
89	BOFARULL	NO TOLEREU CAP EMBOSCAT	1937	140	100			398	
76	BRIONES	AVIACION REPUBLICANA	1937	113	80			346	
98	CABANAS	POR LAS ARMAS	1938	100	68			532	
33	CALSINA	C.N.T. F.A.I. LA BARRICADA	1936	47	58			207	
62	CAÑAVATE	J.D.D.M. EVACUAD MADRID.	1937	100	72			300	
25	CANET	U.G.T. UNIFICACION	1937	115	85			199	
58	CARMONA	OFENSIVA PARA EUZKADI	1937	140	100			474	
107	CLAPERA	CAMPAMENTOS DE O.J.	C1940	56	38			571	
65	COLIN PAUL	SECOURS POPULAIRE POUR L'ESPAGNE REPUBLICAINE	1946	120	80			230	
28	COMPANY	LA TRASFORMACIO ECONOMICO SOCIAL DEL MON	1937	103	70			288	
87	E.V.	C.N.T. A.I.T. EN EL FRENTE HACE FRIO	1937	107	74			385	
34	ESPERT - BRIONES	I.R. AL PUEBLO RUSO	1937	100	70			246	
100	FLOS	YO CUMPLI. SUBSIDIO AL COMBATIENTE	C1940	100	67			556	
45	FONTSERE	P.O.U.M. POR EL SOCIALISMO	C1936	140	100			185	
90	FONTSERE	P.S.U. U.G.T. DONES ! TREBALLEU	1936	138	100			480	
19	FOTO AGULLO	MADRILEÑOS CATALUÑA OS AMA. COMPANYS	1937	110	78			114	
20	FOTOCOMPOSICION ANONIMA	CATALUNYA VENCIO AL FASCISMO	1936	196	137			156	
22	GIMENEZ	NO PASAREIS. C.N.T. F.A.I.	C1937	100	69			310	
56	GIMIVICH	U.G.T. GUANYAREM LA GUERRA	1937	100	70			298	
97	GOMEZ, HELIOS	L'OPINIO	1936	110	68			490	
47	GOÑI	P.S.U.C. ELS PROVOCADORS DIUEN : NO FORMEU L'EXERCIT POPULAR	1937	100	70			330	
48	GOÑI	P.S.U.C. TU ? QUE HAS FET PER LA VICTORIA	1936	100	70			272	
81	HELGUERA, JESUS	ABASTECIMIENTO DEL FRENTE	C1937	100	70			359	
85	HENRY BALLESTEROS	AIDEZ LA CROIX ROUGE ESPAGNOLE	1936	107	76			267	
21	ITURZAETA	CADA BALA UN OBJETIVO. C.N.T. F.A.I.	1936	100	71			160	
35	MAGAN	I.R. LA BANDERA DE LA VICTORIA.	1937	100	70			170	
53	MARTI BAS, JOAQUIN	31 DIVISION. ACTIVIDADES EN EL FRENTE	1937	102	71			281	
59	MARTI BAS, JOAQUIN	DEFENSAR MADRID ES DEFENSAR CATALUNYA	C1937	140	100			478	
17	MARTIN	IZQUIERDA REPUBLICANA. MUJER	C1935	30	63			147	
17	MARTIN	IZQUIERDA REPUBLICANA. CIUDADANO	C1935	30	63			147	
17	MARTIN	IZQUIERDA REPUBLICANA. OS INVITA AL MITIN	C1935	30	63			147	
64	MIRO	AIDEZ L'ESPAGNE	1937	32	24			10	
43	MONENY, ENRIC	A.U.S. CIUTADANS ADHERIUVOS	1937	90	66			253	
24	MONLEON, MANUEL	PABLO IGLESIAS. TRBAJADORES DE TODOS LOS PAISES UNIOS	1938	100	71			188	
36	MONLEON, MANUEL	P.S. TIERRA MAR Y AIRE	1937	100	69			174	
37	MONLEON, MANUEL	P.S. LA UNICA CONSIGNA: VENCER	1937	100	70			173	
67	MORALES	LOS NACIONALES. MINISTERIO DE PROPAGANDA	1937	114	83			240	
12	MORELL, JOSEP	LLIGA CATALANA. PER UNA CATALUNYA VIVA	C1935	124	90			126	
13	MORELL, JOSEP	FRONT CATALA D'ORDRE	1936	124	91			135	
15	MORELL, JOSEP	GIL ROBLES . MONUMENTAL	1935	100	70			144	
52	MORELL, JOSEP	CON EL EJERCICIO FISICO LUCHAREIS SIN ESFUERZO	C1937	69	48			446	
104	MORELL, JOSEP	HA LLEGADO ESPAÑA	1939	125	90			544	
31	OBIOLS, J.	U.G.T. AVANT	C1937	90	66			193	
80	OBIOLS, R.	SINDICATO UNICO TRANSPORTE. SERVICIOS PUBLICOS URBA\OS	1936	100	70			358	
11	OPISSO, R.	14 ABRIL 31	1931	65	49			105	
57	PARRILLA	J.D.D.D.M. 1º GANAR LA GUERRA. MENOS PALABRAS VANAS	1937	100	71			292	
68	PARRILLA	LA UNIDAD DEL EJERCITO DEL PUEBLO SERA EL ARMA DELA VICTORIA	1937	100	70			244	
69	PARRILLA	LOS INTERNACIONALES	1937	100	72			243	
72	PARRILLA	CAMARADAS DE LA RETAGUARDIA	1938	100	70			374	
86	PARRILLA	EL INVIERNO ES UN ENEMIGO MAS. GRANADA	1938	101	71			386	
88	PARRILLA	ARRANQUEMOS LA MASCARA AL PROVOCADOR	1937	99	71			397	
91	PENAGOS, RAFAEL DE	TU QUE DISTE LA VIDA AL NIÑO SALVA DE LA MUERTE AL HOMBRE	1937	56	40			484	
96	PEREZ CONTEL	S.R.I. SOLIDARIDAD. PORTAVOZ DEL COMITE PROVINCIAL	1937	91	63			502	
83	PUYOL	S.R.I. EL RUMOR	1936	88	65			400	
66	R.	U.G.T. TREBALLADORS	1936	100	69			238	
92	RABALS	C.N.T. U.G.T. SETMANA DE L'INFANT	1937	100	70			410	
26	RAGA	U.G.T. COMO HA SEMBRADO LA IGLESIA SU RELIGION EN ESPAÑA	C1936	118	86			290	
38	RENAU, JOSEP	CAMPESINO DEFIENDE CON LAS ARMAS AL GOBIERNO QUE TE DIO LA TIERRA	1936	150	105			464	
39	RENAU, JOSEP	P.C.E. PARTIDO COMUNISTA DE ESPAÑA	1938	99	69			154	
40	RENAU, JOSEP	LOS MARINOS DE CRONSTADT	C1936	155	105			436	
41	RENAU, JOSEP	P.C.E. EL COMISARIO	1937	70	100			180	
41	RENAU, JOSEP	P.C.E. OBREROS, CAMPESINOS, SOLDADOS, INTELECTUALES	1937	86	116			180	
42	RENAU, JOSEP	A.U.S. 19 ANOS DE UNION SOVIETICA	1936	99	68			250	
44	REPA LIENAS	P.O.U.M. EL SOCIALISMO ES LA LIBERACION	1936	137	100			186	
104	RIBERA PACO	FRANCO. LA GUERRA HA TERMINADO.	1939	68	94			544	
102	SAENZ DE TEJADA	POR LA MADRE Y EL HIJO POR UNA ESPAÑA MEJOR	1938	100	70			562	
103	SAENZ DE TEJADA	CARA AL SOL. CANCION DE LA FALANGE	C1940	31	30			565	
32	SANZ MIRALLES	C.N.T. F.A.I. A.I.T. LA BARRERA INEXPUGNABLE	C1936	160	110			204	
93	SIM. REY VILA	C.N.T. U.G.T. ALIVIA LA AUSENCIA DEL PADRE .. CON TUS DONATIVOS	1937	100	70			420	
27	SOLA	UNIO ES FORCA	1936	101	71			203	
108	VARIS	MEDALLERO NACIONALISTA	1940					555	
29	VICENS I LAU	TRBALLADORS MERCANTILS C.A.D.C.I.	C1937	100	72			210	
84	VICENTE	S.I.A. AYUDA A LAS VICTIMAS DEL FASCISMO	C1937	100	70			258	
33	VIDAL TONY	C.N.T. F.A.I. 19 JULIOL 1936	1936	52	68			207	
77	WILA	POR UN SINDICATO FUERTE	1937	100	70			345	
14	YELO	GIL ROBLES. LUCIA. VALENCIA	1935	32	23			143	

Prólogo

La guerra civil española se inició el 18 de julio de 1936 y terminó en abril de 1939. Dependiendo de quien describe la contienda, los dos bandos enfrentados se denominan Nacionalistas o Franquistas por un lado y Republicanos o Rojos por el otro. El primero estuvo apoyado por Hitler y Mussolini y el segundo por la URSS y diversos paises y organizaciones democráticas. Fué la primera confrontación armada que sostuvieron las doctrinas del comunismo, el nazismo y la democracia, así como la religión, ya que Franco la tomó como bandera de su levantamiento cambiando el concepto de guerra por el de Cruzada. A menudo la contienda española se cita como un preámbulo o ensayo de la II Guerra Mundial que estalló en septiembre de 1939 o sea solamente cinco meses después de la proclamación de la victoria franquista. En ambas guerras los contendientes fueron los mismos, sin embargo el resultado final fue totalmente opuesto.

Durante la Guerra Civil el cartel fue un catalizador mágico que tuvo el poder de transformar en arte la ilustración de las circunstancias más trascendentes, y también de las más irrelevantes, de la vida diaria y asumió importantes funciones dirigidas a la sociedad civil del bando republicano. El fenómeno artístico al que se refiere este volumen constituye un testimonio y un patrimonio artístico de carácter único e irrepetible en nuestra historia.

El resultado final de la Guerra Civil fue consecuencia de la fuerza de las armas y poco tuvieron que ver en él la argumentación y el razonamiento que conllevaron la gran cantidad de arte y de tinta que se vertió en el lado republicano. Sin embargo, la enorme descarga artística del momento no fue infructuosa, ya que contribuyó a inmortalizar la denuncia popular de intolerancia y falta de diálogo que representó la contienda.

El conflicto español tuvo tanta resonancia en el aspecto bélico como en el ideológico y, por tanto, no se podrá escribir la historia definitiva si no se tiene en cuenta la guerra de los folletos, la de los libros y la de los carteles, en definitiva, la guerra civil de la tinta según calificación de Madariaga.

Los carteles fueron auténticos protagonistas, verdaderos soldados de papel que estuvieron presentes en todos los escenarios bélicos. La eficacia de sus mensajes condicionó las reacciones de la población civil durante el conflicto y contribuyeron decisivamente, dentro y fuera de España, a configurar la imagen heroica de la revolución española, que se convirtió de repente en la esperanza de todo el proletariado internacional. Hoy en día, en conjunto, permiten imaginarse el ambiente que reinaría en las calles de una forma peculiar y distinta de la relatada en las innumerables publicaciones sobre la vida diaria durante la Guerra Civil.

Era previsible que el cartel de la guerra española en la zona republicana estuviera influido por el soviético, ya que ambos cubrieron acontecimientos con muchas similitudes, como son una fuerte carga ideológica, social y política, junto con una gran difusión internacional y además, en cuanto a la contienda española, la acción propiamente bélica, que en el caso ruso ya había terminado. En definitiva, consolidar y fortalecer una nueva situación social alcanzada en Rusia y en vías de creación en España.

Otra similitud interesante de ambas explosiones artísticas es el factor sorpresa que representaron tanto a nivel nacional como internacional. Tanto Rusia como España eran países sin apenas ninguna tradición de carteles políticos y de pronto, en un período de 5 y 3 años, respectivamente, ambos países se vieron inundados por ellos. El alto grado de analfabetismo (70% y 45%) de ambos países fue una justificación más para el uso del cartel como arma revolucionaria.

A lo largo de medio siglo (1890-1940) el artista y el cartel en circunstancias bélicas, y especialmente en las revolucionarias, siempre fueron contemplados como una novedad artística y asumieron un protagonismo histórico del cual surgía invariablemente la polémica sobre si había nacido o no un nuevo arte. Las nuevas denominaciones, clasificaciones o definiciones siempre intentaban satisfacer más las motivaciones políticas que las artísticas. En nuestra guerra a menudo dichas segmentaciones estuvieron más fundamentadas en la lucha de clases y en el nivel de compromiso revolucionario del cartelista que en sus connotaciones artísticas.

Los carteles de la Guerra Civil, a diferencia de otras especialidades cartelísticas, cuyos mensajes generalmente son intemporales o de futuro, son carteles de imperativo presente. Precisamente este carácter tan vivo es útil para entender a *posteriori* lo sucedido a través de lo que el cartel ordenaba que sucediera. Son una sucesión y repetición de órdenes y consignas, que se daban en aquel momento a la población y constituían una continuada demostración de como se planeaba encauzar la revolución y la guerra, las cuales a menudo discurrían de forma bien distinta.

El protagonismo del arte y la cultura fue debido a la pérdida de control que tuvieron los aparatos del Estado, que vieron sustituido su poder institucional por el emergente poder del proletariado, el cual tuvo en la defensa de la cultura una motivación de propaganda influida directamente desde la URSS.

La Guerra Civil fue una guerra lenta y hubo tiempo sobrado para que el cartel republicano, y en menor medida el nacionalista, contribuyeran a través de exposiciones a la difusión de los acontecimientos y a la creación de opinión internacional. Siempre fueron el telón de fondo de las diferentes campañas que ambos bandos organizaban en el exterior para contrarrestar la información del lado contrario.

El cartel fue un medio de expresión relativamente caro, y a lo largo de 1938 empezó a verse afectado por los problemas de escasez de presupuesto y especialmente de papel y tintas. La proliferación de nuevos periódicos y prensa en general le disputaron con agresividad al cartel el poco papel disponible, argumentando cada uno de ellos públicamente que era el medio más eficaz de optimizar los escasos recursos. La calidad del papel era cada vez peor e incluso se llegó a imprimir sobre papel de estraza, lo cual dificultaba la impresión, así como la posterior lectura, haciendo aún más difícil su conservación hasta hoy.

El cartel republicano no siempre consiguió los resultados que perseguía, y su función y utilidad fueron puestas en tela de juicio frecuentemente durante la guerra, ya que mientras unos los veían como **"soldados de papel y tinta junto a los de carne y hueso"** (*El socialista*, octubre de 1936), otros los

Foreword

The Spanish Civil War began on 18 July 1936 and came to an end in April 1939. Depending upon who is doing the telling, the two sides are referred to as the Nationalists or Francoists on the one hand and the Republicans or Reds on the other. The Nationalists were backed by Hitler and Mussolini, the Republicans were aided by the USSR, different democratic countries, and democratic organizations. It was the first armed conflict pitting the doctrines of Communism, Nazism, and democracy, as well as religion, which was taken up by Franco as the banner for his uprising, which he gave forth as a Crusade rather than a war. The Spanish conflict is often considered a preliminary or rehearsal for the Second World War, which broke out in 1939, that is, just five months after the Franco forces had proclaimed victory. The belligerents were the same in both cases, though the final outcomes were diametrically opposed.

During the Spanish Civil War posters were matchless agitators that proved of turning illustrations of not only the most transcendental but also the most mundane aspects of everyday life into art fulfilled important tasks in civilian society on the Republican side. The art form considered in this volume is both a testimonial and a unique and unrepeatable artistic heritage in the historical tradition of our country.

The final outcome of the Civil War was a consequence of the force of arms and was essentially unrelated to the arguments and discourse that underpinned the tremendous burst of art and ink on the Republican side. Even so, the huge outpouring of art in those years was not in vain, and it has helped to immortalize the protests of the masses against intolerance and the rejection of conciliation in favour of conflict.

The Spanish Civil War had great reverberations both militarily and ideologically, and as a consequence the final history cannot be written without also taking into account the war of pamphlets, books, and posters, in short, in the words of Madariaga, "the Civil War of inkslinging".

Posters played an active role and were genuine paper soldiers that took part in all the major campaigns of the war. The reactions of the civilian population during the conflict were conditioned by the effectiveness of posters in transmitting what they had to say, and they were decisive in fashioning the heroic image of the Spanish revolution both inside and outside Spain, an image that suddenly became the hope of the international proletariat. Today, viewed as an entire body of work, posters bring back, in their own special way, the atmosphere that must have held sway in the streets of the time, and they tell a different tale from that in the countless written accounts of daily life during the Civil War.

Civil War posters from Republican Spain can be expected to have been influenced by Soviet poster art, since both covered events that shared many similar attributes, namely, a strong ideological component, both social and political, broad international dissemination, and finally military action itself, though such actions had ceased in Russia at the time of the conflict in Spain. The purpose was, in brief, to consolidate and strengthen a new set of social circumstances that had already been achieved in Russia and were in the process of being germinated in Spain.

Another interesting similarity between both these artistic outpourings was the surprise factor, the suddenness of their onset both nationally and internationally. Neither Russia nor Spain had any tradition of political posters to speak of, and then, without warning, within a span of just five years in the case of Russia and three years in the case of Spain, both countries were inundated. The high illiteracy rates in both countries (70% in Russia and 45% in Spain) provided further reason for the use of posters as a revolutionary weapon.

For half a century (1890-1940), posters and poster artists in times of strife, especially revolutionary conflict, were looked upon as innovative members of the vanguard, and they took on a leading historical role that invariably gave rise to controversy as to whether or not a new art form had come into being. The new terminology, categories, and definitions always owed themselves more to political than to artistic considerations. In the Spanish Civil War such breakdowns were often more attributable to class struggle and to the poster artist's own level of revolutionary engagement than to any artistic implications.

Spanish Civil War posters were primarily concerned with the immediate present, unlike other categories of posters, whose content was ordinarily timeless or looked to the future. From our later vantage point of today, the vibrant nature of such posters helps us to understand events through the prism of what the poster proclaimed should happen. The posters are a succession, a chain of commands and slogans issued to the population at the time and, day by day, attest to the way the revolution and the war were intended to be run, often quite different from the actual course of events.

The important role of art and culture was a result of the breakdown in the control of the State apparatus and the replacement of the power of its institutions by the emerging power of the proletariat, which, in its defence of culture, found a basis for propaganda directly influenced by the USSR.

The Civil War was a slow war, and there was more than enough time for the display of posters to make its contribution on the Republican side, and to a lesser extent on the Nationalist side, by publicizing events and forming international opinion. They were always the backdrop to the different campaigns both factions carried out abroad to counteract the information disseminated by the other side.

Posters were a relatively expensive means of expression and over the course of 1938 began to be affected by problems caused by budgetary constraints and scarcity of supply, particularly of stocks of paper and ink. There had been a proliferation of new newspapers and press offerings, which as a rule contended aggressively with posters for what little paper there was available, and each publicly proclaimed itself to be the most effective medium for optimizing scarce resources. Paper quality grew steadily worse, to the point where printings were even effected on wrapping paper, which made printing difficult, hindered subsequent reading, and has severely hampered conservation efforts to the present time.

Republican posters did not always succeed in achieving the sought-after results, and their function and usefulness were frequently called into question during the war. They were viewed by some as **"soldiers of paper and ink fighting next to those of flesh and blood"** (El Socialista

vieron como una **"catarata de esperpentos pegada a la pared"** (Santiago Ontañón), cuando no un desperdicio innecesario, repetitivo e inadecuado por las escaseces del momento.

El cartel en su primera época se ocupó a menudo de trivialidades de la vida cotidiana de retaguardia, como consecuencia de la fiebre cartelística que se desató entre entidades que no estaban directamente involucradas en la guerra. Aparecieron carteles cuya irrelevancia se correspondía con su ingenuidad; no obstante, sesenta años después es difícil juzgar como eran percibidos en su época.

Aunque la historia tiende a dar una posición de ventaja al vencedor, es decir, al último que la escribe o, en este caso, que la dibuja, en el cartel de Guerra Civil este concepto tiene un valor paradójico, ya que el predominio del cartel republicano tuvo una opuesta correspondencia con el resultado final de la lucha. La gran diferencia en calidad y cantidad de artistas nos ha dejado para la historia un balance muy desigual en favor del bando perdedor.

La producción cartelística de la primera mitad de la contienda no tiene precedentes en España, tanto por la cantidad como por la calidad artística del cartel litográfico que se imprimió en un período tan corto de tiempo sobre un tema tan específico. La impresión de los carteles estuvo en relación directa con la euforia revolucionaria y el entusiasmo popular que vivió el bando republicano; por este motivo la producción del primer tercio de la guerra es claramente superior a la del resto del conflicto.

Durante los tres años de guerra en el lado republicano se imprimieron alrededor de 3.500 carteles litográficos distintos; con todo, se puede decir que la mitad de ellos es de una calidad artística y litográfica relativamente pobre. Esta cifra representa más de tres carteles por cada uno de los 1.000 días que duró la guerra.

La característica más notable del cartel republicano desde su origen fue la total descentralización respecto de quién estaba autorizado para editarlos. Además de los partidos políticos, proliferaron multitud de organizaciones afectas al Frente Popular que editaron carteles siguiendo las consignas o directrices que creían oportunas. La confusión y la urgencia reinantes permitieron que existieran más de treinta organizaciones progresistas que editaban carteles para comunicar sus ideales revolucionarios; varias de ellas operaron desde los primeros momentos de la contienda.

La propaganda política tuvo enfoques diametralmente opuestos en los dos bandos. En el republicano predominó la descentralización y la heterogeneidad de ideas en su mayor extensión, mientras que en el nacional primó la unidad política e ideológica.

Es posible que desde el lado nacionalista se analizara la explosión cartelística del bando republicano y que ésta fuera vista como un esfuerzo inútil, un gasto innecesario de materiales y, en definitiva, como una nefasta consecuencia del pluralismo ideológico que se vivía en el otro lado y que precisamente se utilizaba como justificación del levantamiento.

Es posible también que la gran desproporción de carteles entre los dos bandos fuera para el nacionalista una premeditada consecuencia de querer distanciarse del otro bando, el republicano, en la exposición de signos externos, filosofía y forma de entender la guerra.

Lo cierto es que la ausencia de pluralidad ideológica, así como la centralización de la comunicación en la zona nacionalista, hizo que el cartelismo en ella fuera la antítesis del de la zona republicana. Franco hizo un efectivo uso de los medios de comunicación desde el primer momento, basándose en la radio, que era el medio más adecuado que tenía a su alcance. Franco lanzaba su famosa proclama al país el 18 de julio desde la emisora de Radio Las Palmas.

A diferencia del cartel comercial o incluso del de las guerras mundiales, que a menudo se imprimieron en grandes tiradas (lo que permitió, además de su fijación, que fueran vendidos y por tanto coleccionados), el cartel de nuestra Guerra Civil nunca fue impreso para ser coleccionado y fue un producto escaso. Sus tiradas siempre estuvieron limitadas por el papel y los medios disponibles, por lo que debía optimizarse su uso cumpliendo su función pegado a la pared. Paradójicamente, pues los carteles aquí representados fueron amigables desertores, ya que no cumplieron en su día la misión para la que fueron impresos.

El cartel es un producto que se consume fijado en la pared, y a partir de este momento se hace prácticamente irrecuperable. Durante los años de posguerra a la dificultad de conservación propia del cartel se añadió el riesgo que representaba su tenencia. El simple hecho de poseer carteles republicanos en España durante el franquismo era considerado delictivo y conllevaba serios riesgos para el depositario. No era el momento de recordar la guerra a base de coleccionar carteles republicanos, y menos aún de exponerlos. Todo ello explica la rareza y el desconocimiento de una buena parte de ellos, pese a ser tan recientes.

Hoy en día, fuera de nuestro país, el cartelismo de nuestra guerra es el más conocido y apreciado de nuestra historia y es el exponente que ha dejado una constancia más fehaciente de la peculiaridad que tuvo nuestra guerra de contar con una faceta artística y cultural que sin duda constituyó un valor universal. El conjunto de carteles que reproduce este libro muestra el período más brillante e intenso del cartelismo español de todos los tiempos, junto con los del período modernista del cambio de siglo (1897-1905). Ambos son los dos momentos culminantes del cartelismo español y curiosamente se corresponden con dos períodos contrapuestos en varios sentidos. En primer lugar, son opuestos porque cronológicamente se corresponden con el origen y el final del cartel litográfico en España. La segunda contraposición es el evidente distanciamiento artístico y, por último, lo más curioso es observar su clara y opuesta vinculación con lo que podríamos expresar simplificadamente mediante los términos cartel de la derecha y de la izquierda, respectivamente.

Jordi Carulla

Párrafos extraídos del libro "La Guerra Civil en 2000 carteles".

("The Socialist"), October 1936), by others as **"a grotesque torrent stuck to the wall"** (Santiago Ontañón), or at least an unnecessary, redundant, and inappropriate waste given the scarcities of the time.

In their early period there was feverish poster activity by entities that were not directly involved in the fighting, and consequently posters were often concerned with minor aspects of daily life on the home front. Thus, some posters may seem to us to be not only irrelevant but naïve; still, at a remove of sixty years, it is hard to grasp how they were perceived in their day.

History indeed tends to belong to the victors, that is, to the last one to write it, or in this case, to draw it, but in the case of Spanish Civil War posters there is also a paradox behind that truism, in that the much more copious outpouring of posters on the Republican side stands in direct contrast to the actual outcome of the conflict. The much greater quality and numbers of artists has clearly tipped the scales of history in favour of the losing side.

Poster production during the first half of the hostilities had no paragon in Spain in terms of either quantities printed or the artistic quality of the lithograph posters printed in such a short space of time on a single theme. Poster printing went hand with the flush of revolutionary euphoria and the enthusiasm experienced by the masses on the Republican side, and consequently production was distinctly higher during the first third of the war than during the rest of the conflict.

A total of around 3,500 different lithograph posters were printed on the Republican side during the three years the war lasted, though half of that output can be considered to be of a relatively poor artistic and lithographic quality. Be that as it may, that figure still amounts to three posters for every one of the 1,000 days the war lasted.

From the outset the most distinctive feature underlying the posters on the Republican side was the complete decentralization with regard to the entities authorized to publish them. In addition to the political parties, a multitude of organizations that adhered to the Popular Front issued posters conveying whatever slogans or directives they deemed fit. In the reigning climate of confusion and emergency, posters were printed by more than thirty progressive organizations in an endeavour to get across their revolutionary ideals, and a number of those organizations were in operation from the very start of the war.

The approach to political propaganda was diametrically opposed on the two sides. On the Republican side there was decentralization and wide-ranging diversity of ideas, whereas on the Nationalist side political and ideological uniformity were foremost.

It may be that the Nationalist side viewed the outpouring of poster-making on the Republican side as a futile effort, an unnecessary expenditure of materials, and, in short, a pernicious outburst of the ideological pluralism that flowered on the other side and which indeed was used as one of the justifications for the uprising.

It may also be that the enormous disproportion in poster-making by the two sides was a deliberate effort on the part of the Nationalists to distance themselves from the other, Republican, side as far as the exhibition of external signs, philosophies, and approach to the war were concerned.

The long and the short of this is that as a consequence of the absence of ideological pluralism and the centralized control of communications in the Nationalist zone, poster-making there was the converse of what it was in the Republican zone. From the start Franco made effective use of the mass media, chiefly radio, the most appropriate medium open to him. Franco broadcast his famous proclamation to the country on 18 July from the studio of Radio Las Palmas in the Canary Islands.

Unlike commercial posters and even posters produced during the world wars, which were often published in very large print runs (enabling them not only to be posted but also to be sold separately and thus collected), Spanish Civil War posters were never meant to be collectibles, and print runs were small, always constrained by the availability of paper and other means. Consequently, poster use had to be optimized by ensuring that they were actually posted. Paradoxically, then, the posters presented in this volume are in fact obliging deserters that did not carry out the mission for which they were printed.

Poster consumption occurs in the act of posting, after which they are practically unrecoverable. Moreover, during the post-Civil War period, the normal difficulties inherent to the conservation of posters were compounded by the risk that attached to owning them. Simply having Republican posters in one's possession was a crime in Spain during Franco's rule and entailed serious risks. It was not a time for remembering the war by collecting Republican posters, not to mention exhibiting them. That explains the scarcity of such posters and the relatively unknown status of many of them, even though they are quite recent.

Print-making during the period of the Spanish Civil War is better known and recognized outside our country today than print-making at any other time in our country's history and is the most authentic record of the special facet of that conflict, namely, its artistic and cultural side, an aspect doubtless appreciated worldwide. The compilation of posters reproduced in this volume portrays the most scintillating and intense period of poster-making in Spain of all time, together with the modernist period around the turn of the century (1897-1905). Both periods are crowning moments in Spanish poster-making, yet in several ways they are, oddly, two opposing points in time. First, they are contrasting in that, chronologically, they mark the beginning and the end of lithographic poster-making in Spain. Second, the artistic distance between them is clear. And, last of all, it is strange to note that each of those periods can be directly linked to opposing trends that, though it would be an oversimplification, might be referred to as poster-making of the right and poster-making of the right and poster-making of the left, respectively.

Jordi Carulla

Extract from the volume "La Guerra Civil en 2000 carteles".

MORELL, c. 1935 124 x 90

MORELL, 1937 124 x 91

MORELL, JOSEP   1935   100 x 70

MARTÍN   c. 1935   30 x 63

MARTÍN   c. 1935   30 x 63

MARTÍN   c. 1935   30 x 63

GIMÉNEZ   c. 1937   100 x 69

BALLESTER, ARTURO   1936   160 x 110

CANET 1937 115 x 85

TREBALLADORS MERCANTILS

ENGROIXIU LA SUBSCRIPCIO PRO-VICTIMES DEL FEIXISME I AJUT AL COMBATENT

EL C·A·D·C·I (U.G.T.)
DE CARA A LA GUERRA!

SANZ MIRALLES   c. 1936   160 x 110

VIDAL TONY   1936   52 x 68

CALSINA   1936   47 x 58

PARTIDO COMUNISTA

EL COMISARIO, *nervio de nuestro ejército popular*

GRAFICAS VALENCIA intevenido U.G.T. C.N.T.

RENAU, JOSEP   1937   70 x 100

OBREROS
CAMPESINOS
SOLDADOS
INTELECTUALES
REFORZAD LAS FILAS DEL PARTIDO COMUNISTA

GRAFICAS VALENCIA, INTEVENIDO U.G.T.-C.N.T.

RENAU, JOSEP   1937   86 x 116

FONTSERÉ c. 1936 140 x 100

GOÑI 1936 100 x 70

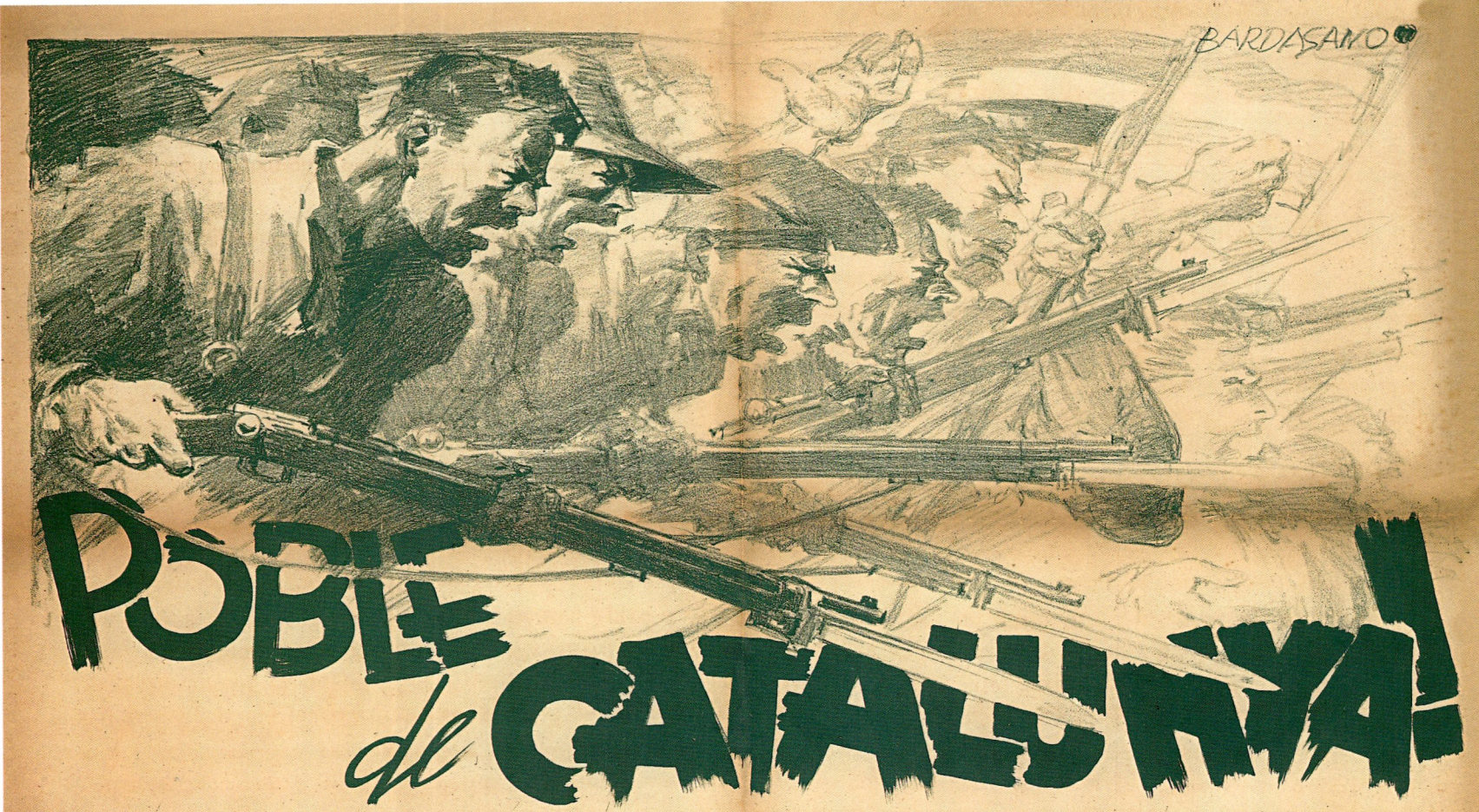

POBLE de CATALUNYA!

L'enemic, amb divisions de Mussolini i amb avions i tancs de Hitler, ha conseguit avançar considerablement, trencant el front de l'Est.

Després d'haver ocupat Alcanyiç, Casp, Bujaraloz, Candasnos, ha arribat a uns vuitanta kilòmetres de la Mediterrània. Existeix l'amenaça de tallar Catalunya i la part d'Aragó al nostre poder, de la resta de la zona lleial de la República. Les hordes mercenàries que han envaït Espanya volen arrasar Catalunya per a destruir-la materialment per arrancar-li el més pregon de la seva existència: la seva personalitat de poble lliure, convertint-lo en una colònia dels assassins feixistes alemanys i italians.

Això significaria per als catalans, que deixaríem d'ésser ciutadans del món per ha esdevenir esclaus del més oprobiós dels règims. Seria interdit parlar en català; les nostres dones esdevindrien la presa dels moros mercenàris i dels bandits feixistes estrangers. Els invasors es troben avui a poca distància de la terra catalana i senten envers nosaltres, catalans, un odi implacable, canibalesc. Catalunya, si ells triomfessin, deixaria d'ésser Catalunya; els catalans deixaríem d'ésser catalans i els treballadors tots, esdevindríem esclaus. Per a evitar-ho, cal que imitem l'exemple gloriós de Madrid i barrem el pas a l'enemic.

No passaran els feixistes estrangers! No passaran el moros mercenaris! Catalunya no serà dels invasors! Mobilitzem urgentment tot el poble! Obrers de la U. G. T. i de la C. N. T.! Camperols, intel·lectuals, classes mitjanes, soldats! Tots units i compactes a la lluita per la llibertat de la nostra pàtria! Per a defensar les terres i les fàbriques conquistades amb la nostra sang! Tots els homes aptes a la lluita sense perdre un moment i a les ordres del Govern.

Plana damunt Catalunya la més terrible amenaça de la història. Les gestes del 1640 i del 1714 han d'ésser superades, puix que superior en tots els aspectes és l'enemic que està a l'aguait. Es l'hora que Catalunya pot afermar per sempre més la seva llibertat o pot deixar d'ésser. El dilema no ofereix dupte. Cap català no ho ignora. Ens juguem la vida de Catalunya com a poble lliure. Ens juguem la nostra vida com a catalans. Ens juguem el nostre esdevenidor com a treballadors. Tothom a les armes i a les ordres del Govern!

Que les dones ocupin en tallers, fàbriques i oficines els llocs dels homes, que s'accel·lerin i intensifiquin les obres de fortificació; mobilitzem, amb fusells, les pales i els picots. Sindicats, un sol pensament: la defensa de les llibertats humanes! Catalans, un sol objetiu, una sola consigna, un sol deure: defensar la llibertat de Catalunya i de la República.

Les hores que vivim són greus, molt greus. Però no són desesperades i les superarem si tots, absolutament tots, ens hi esforcem. Ni un sol home apte, inactiu. Al front, a la fàbrica, al camp, al carrer, ritme de guerra! Deixem-ho tot per la trinxera, per la barricada. Anorreem la cinquena columna que serpenteja la nostra reraguarda! Plantem cara a l'enemic de fora i liquidem l'enemic de dins.

Per Catalunya la nostra pàtria estimada! = Per la República! = Per la llibertat! = Catalans, en peu de guerra! = A les armes, catalans! = L'estrèpit dels canons enemics retruny dins dels nostres oliverars! = Tot el poble en peu de guerra!

EL COMITE EXECUTIU DEL PARTIT
SOCIALISTA UNIFICAT DE CATALUNYA (I. C.)

BARDASANO, 1938 140 x 100

Pla de la victòria

1.er Creació ràpida de l'Exèrcit Popular Regular a Catalunya com part integrant de l'Exèrcit únic de la República, condició fonamental de la victòria contra el feixisme, centinella fidel de les conquistes revolucionàries i de les llibertats d'Espanya i de Catalunya després de la victòria. Exèrcit estructurat segons les normes estrictes de l'art militar, suprimint les columnes particulars sindicals i de partit.

Creació d'un sistema de fortificacions i refugis, i organització d'un cos especialitzat en la seva construcció.

Formació ràpida de comandaments tècnics i polítics mitjançant l'ampliació de l'Escola Popular de Guerra, i creació d'una Escola central de Comissaris de Guerra; passant decididament a una promoció audaciosa, al comandament superior i als llocs de més responsabilitat, dels soldats i del comandament inferior que hagin donat prova de la seva capacitat en la lluita i de la seva fidelitat antifeixista.

Depuració del comandament i de l'Exèrcit en general a Catalunya.

Liquidació de tots els elements feixistes emboscats i reemplaçament dels tebis o que no sentin la causa del poble per aquells més abnegats i degudament provats des del punt de vista de la seva lleialtat a la nostra causa.

2.on Creació immediata de reserves abundants per a l'Exèrcit Popular Regular a Catalunya.

Organització immediata de cinc noves divisions amb els movilitzats de les lleves dels anys 36, 35, 34, 33 i 32, com a primera reserva del nostre Exèrcit.

Organització de la instrucció pre-militar de la població civil i de tota la joventut apta per a les armes com a segona reserva del nostre Exèrcit Popular Regular.

Organització de reserves especialitzades en la defensa antiaèria, antiquímica i de les costes i demés tipus especials de defensa.

3.er Creació d'una potent indústria de guerra, transformant tot Catalunya en una gran fàbrica de material de guerra, elaborant un pla de conjunt per l'adaptació de tota la indústria a les necessitats de la guerra, a fi de produir l'armament, les municions i els equips necessaris per proveir el front d'Aragó i els demés fronts de la República.

Nacionalització de les indústries de guerra bàsiques i militarització del transport.

Capacitar en el curs màxim de tres mesos, un mínim de cent mil dones per tal d'ocupar els llocs dels homes movilitzats a les indústries, transports i serveis públics.

Organització de la lluita contra els emboscats.

Creació de la Conselleria d'Indústries de Guerra per tal d'organitzar, coordinar i desenvolupar totes les activitats de les indústries de guerra, responent a un pla determinat i d'acord amb el Govern de la República.

4.rt Política econòmica de guerra. Adaptació i reajustament de les indústries segons les necessitats de la guerra. Readaptació professional dels obrers i de les obreres segons les mateixes necessitats per suprimir l'atur forçós inadmissible i injustificable en un país en guerra. Coordinació de totes les indústries i empreses, i utilització i repartició de les matèries primes segons les necessitats de la producció de guerra.

Règim de severa economia; prescindint àdhuc del més necessari, per concentrar-ho tot per a la guerra.

5.è Política justa al camp. Assegurar la llibertat dels camperols per treballar la terra individualment o colectiva segons la seva pròpia voluntat.

Estimular amb crèdits i altres mitjans la producció agrícola més útil i necessària per a la guerra.

Regularització de la compra-venda dels productes del camp, estimulant la cooperació, i organitzar el comerç exterior sobre la base dels acords convinguts entre el Govern de la Generalitat i el Govern de la República.

6.è Seguretat i ordre revolucionari antifeixista. Creació ràpida del cos únic de Seguretat Interior, amb una prèvia depuració imparcial i objectiva segons determinen els decrets aprovats per l'anterior Govern de Catalunya.

Lluita sistemàtica i sense repòs per aniḥilar la cinquena columna. Lluita contra tots els feixistes emboscats i per tant, depuració obligatòria de totes les organitzacions i partits antifeixistes.

Liquidació enèrgica i ràpida dels desmans dels elements i dels grups incontrolats.

7.è Concentració de totes les armes de guerra en mans del Govern perquè les utilitzi d'acord amb les necessitats de la guerra.

8.è Lluita despietada contra els especuladors, agiotistes i aprofitadors dels sacrificis que la guerra imposa al Poble. Respectant, però, els drets i els interessos de la petita burgesia que està disposada honradament a participar en l'esforç i el sacrifici comuns.

Creació de tribunals populars especials per castigar de manera exemplar els abusos criminals dels aprofitadors de la guerra que estant enriquint-se amb la misèria del poble.

9.è Creación d'una moral de guerra i d'una austeritat de guerra a la reraguarda.

Realització d'una política severíssima d'economia per acabar amb tota despesa supèrflua amb l'excés de burocràcia i d'acumulació de sous als organismes oficials, a les empreses i en tots els ordres de la vida del país.

Repartiment equitatiu dels sacrificis i càrregues de la guerra, segons les possibilitats econòmiques de les diferents capes de la població. Aplicació d'una política fiscal i bancària de cara a la guerra.

10. Supeditar tota l'actuació i totes les accions al objectiu suprem de la guerra victoriosa contra el feixisme i col·laboració estreta amb el Govern de la República en totes les tasques del front i de la reraguarda, plenament convençuts de què les llibertats de Catalunya s'assoleixen i es consoliden en la mesura que sapiguem lluitar units els pobles hispànics contra l'enemic comú, el feixisme espanyol i internacional.

P.S.U. ★ **U.G.T.**

MORELL, JOSEP   c. 1937   69 x 48

BARDASANO 1937 109 x 81
DURÁ. VALENCIA JSU

BARDASANO 1937 109 x 81
DURÁ. VALENCIA JSU

BARDASANO 1937 109 x 81
DURÁ. VALENCIA JSU

BARDASANO 1937 109 x 81
DURÁ. VALENCIA JSU

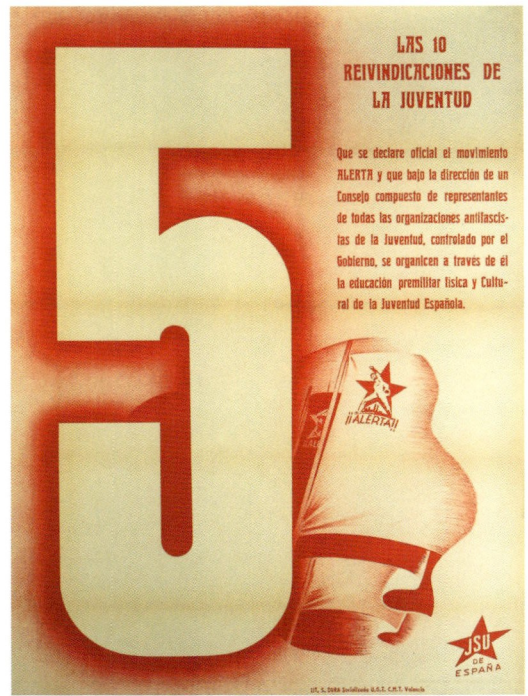
BARDASANO 1937 109 x 81
DURÁ. VALENCIA JSU

BARDASANO 1937 109 x 81
DURÁ. VALENCIA JSU

BARDASANO 1937 109 x 81
DURÁ. VALENCIA JSU

BARDASANO 1937 109 x 81
DURÁ. VALENCIA JSU

BARDASANO 1937 109 x 81
DURÁ. VALENCIA JSU

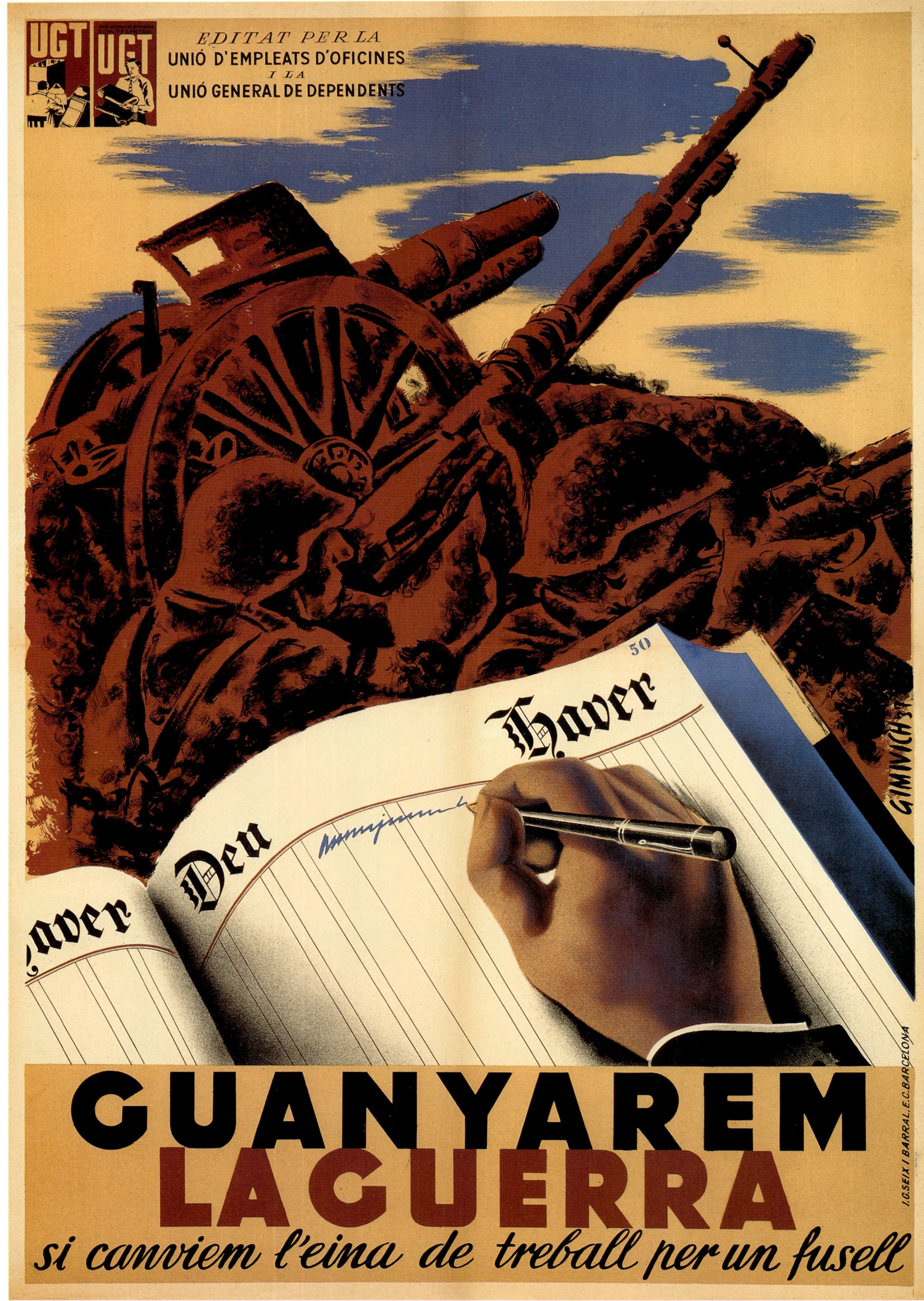

PARRILLA 1937 100 x 71

MARTÍ BAS, 1937 140 x 100

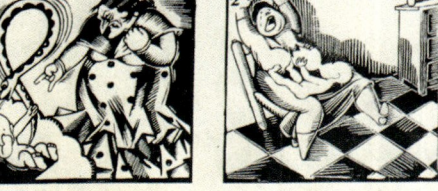

Aleluyas de la Defensa de Madrid N.º 3
1.-Madrid, la villa del oso
sigue demostrando al mundo
que es el castillo famoso.
2.-Y probando sin desmayo
que su pueblo es heredero
del pueblo del Dos de Mayo.
3.-Con fusiles en las manos
y en alto los corazones
no soportará tiranos.
4.-Echó a los moros un día
con la furia castellana
que de la sierra venía.
5.-Y los bravos comuneros
también tuvieron en jaque
a los imperiales fieros.
6.-Jugó al bolo y al retruque
con los marciales soldados
que le mandó el archiduque.
7.-Napoleón Bonaparte
gran capitán de su siglo
tuvo en Madrid mala parte.
8.-Los milicianos de antaño
fueron el siete de julio
como los nuestros de hogaño.
9.-El año cuarenta grita:
Viva el regente Espartero
Y libre se desgañita.
10.-Y el año cincuenta y cuatro
de la liberal contienda
Madrid vuelve a ser teatro.
11.-El sesenta y seis sin miedo
camina Prim a caballo
por los montes de Toledo.
12.-De junio un hermoso día
se levantan los sargentos
del cuerpo de artillería.
PENA DE MUERTE AL LADRON
13.-Y hay heroismo sin fin
cuando alza sus barricadas
la plaza de Antón Martín.
14.-Se produce la gloriosa
como en septiembre es llamada
la revolución famosa.
15.-Y tras el rey saboyano
su República primera
halló el pueblo soberano.
16.-Cuando la volvió a encontrar
juró que de ningún modo
se la dejará quitar.
17.-Madrid permanece alerta
y no hay ejército fuerte
cuando llega ante su puerta.
18.-El pueblo en armas alzado
opone su fortaleza
contra todo sublevado.
19.-Y moros y mercenarios
ven que salen a su encuentro
los héroes extraordinarios.
20.-Su tradición liberal
vuelve a vibrar poderosa
de Aranjuez a Fuencarral.
21.-Y corre en el Manzanares
más que agua de su corriente
la sangre enemiga a mares.
22.-Como no hay rico ni pobre
todos resultan iguales
cuando están batiendo el cobre.
23.-Hay en la tierra batalla
y el mismo cielo entretanto
está escupiendo metralla.
24.-Y entre los no combatientes
la muerte acecha traidora
a víctimas inocentes.
25.-Que tristeza es que en España
vertiendo sangre española
pelee la gente extraña
26.-En vano ataca el fascista
que nunca llegó a creer
que Madrid se le resista.
27.-Pero el pueblo luchador
se encarga con su bravura
de sacarle de su error.
28.-Cada calle una frontera
cada casa es un castillo
cada esquina una trinchera.
29.-En la lucha emocionante
cada mujer es un hombre
y cada hombre es un gigante.
CASA DE CAMPO
30.-Para el que viene de fuera
está la Casa de Campo
convertida en ratonera.
31.-Y la gran plaza de toros
casi resulta pequeña
para cárcel de los moros.
MERENDERO
32.-Creen que es cosa sencilla
como en tarde dominguera
el pasar a la Bombilla.
33.-Pero les vuelan el puente
y comprenden el peligro
de cruzar alegremente.
34.-Ciudad Universitaria.
De estudiar les da de pronto
cierta idea estrafalaria.
35.-Mas han quedado indefensos
y en las aulas donde entraron
les van dejando suspensos.
36.-Los atrevidos compinches
en la Casa de Velázquez
van cayendo como chinches.
37.-Ya comprenden que es un sueño
oponerse a la fiereza
del heroico madrileño.
38.-Hay en los aires combate
y caen los aviones
que siempre el leal abate.
39.-Muchas victimas se inmola
ante el empeño furioso
de la columna de Mola.
40.-Lanzan llamas sus ardores
y el pueblo aviva su fe
entre tales resplandores.
41.-Las madrileñas valientes,
de la hija de Malasaña
son las dignas descendientes.
42.-Ponen todo su fervor
en la lucha decidida
por un porvenir mejor.
43.-Las majas y los chisperos
en sus nietos resucitan
la defensa de sus fueros.
NO PASARAN!
44.-Alegre como un cantar
"No pasarán" dice el pueblo
y no les dejan pasar.
45.-¿Por qué han de estar tan
[lejanos
los tiempos en que las armas
no se empleen entre hermanos?
46.-Verá el pueblo madrileño
como la guerra se acaba,
más pesadilla que sueño.
47.-Madrid se cubre de gloria
y una vez más hace suya
la palma de la victoria.
48.-La Libertad es un sol.
Que puede sufrir eclipse,
pero vuelve su arrebol
EDITADO POR EL "COMISSARIAT DE PROPAGANDA DE LA GENERALITAT DE CATALUNYA"
MOD. 27

ANÓNIMO c. 1937 50 x 35

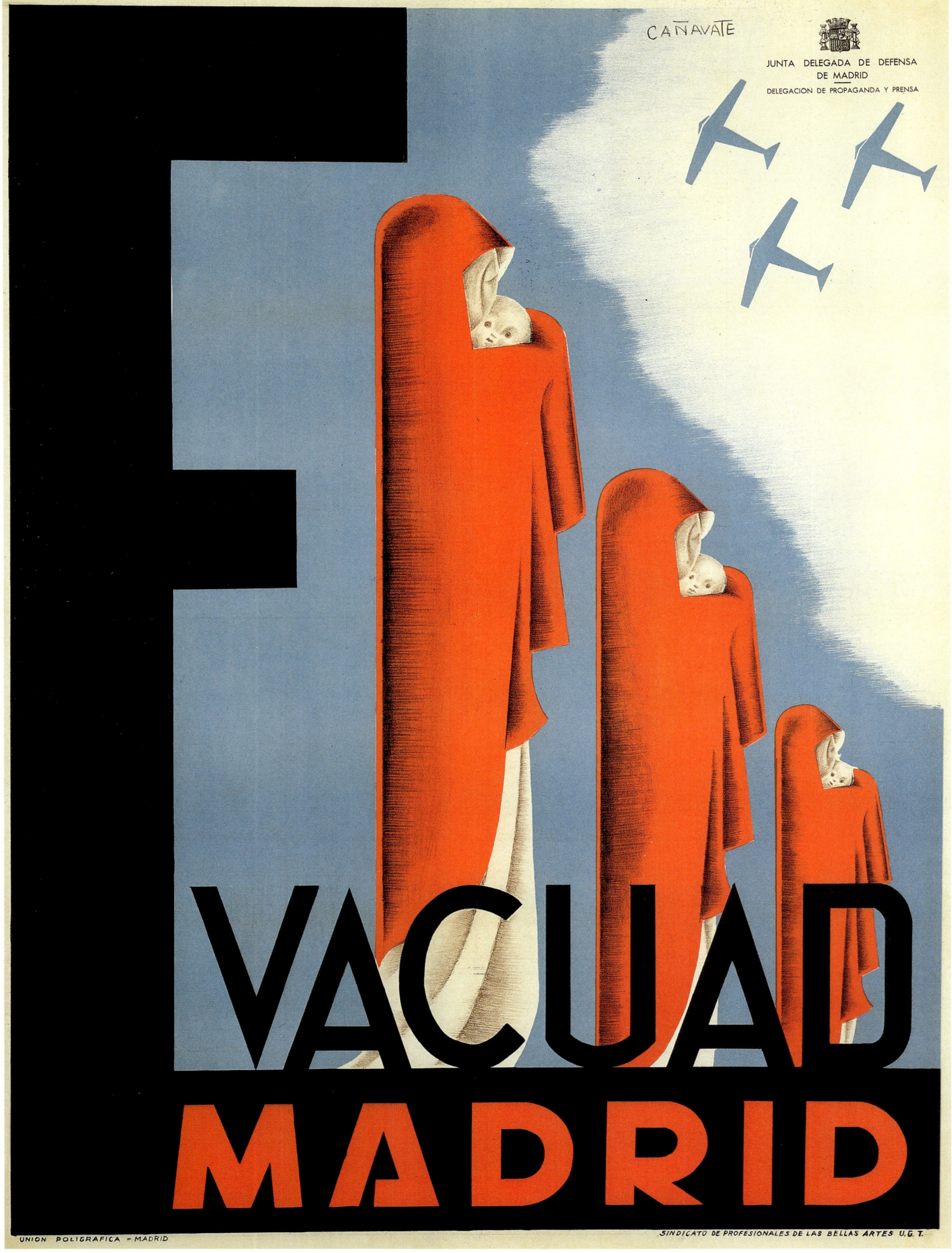
CAÑAVATE 1937 100 x 72

BARDASANO, 1937 97 x 67

EN LA LUCHA ACTUAL VEO, DEL LADO FASCISTA, LAS FUERZAS CADUCAS;
DEL OTRO LADO, EL PUEBLO, CUYOS INMENSOS RECURSOS CREATIVOS DARÁN A ESPAÑA UN IMPULSO QUE SORPRENDERÁ AL MUNDO.

MIRÓ 1937 32 × 24

BALLESTER, VICENTE. c. 1937   160 x 110

ANÓNIMO c. 1937 91 x 66

HENRY BALLESTEROS   1936   107 x 76

FONTSERÉ 1936 138 x 100

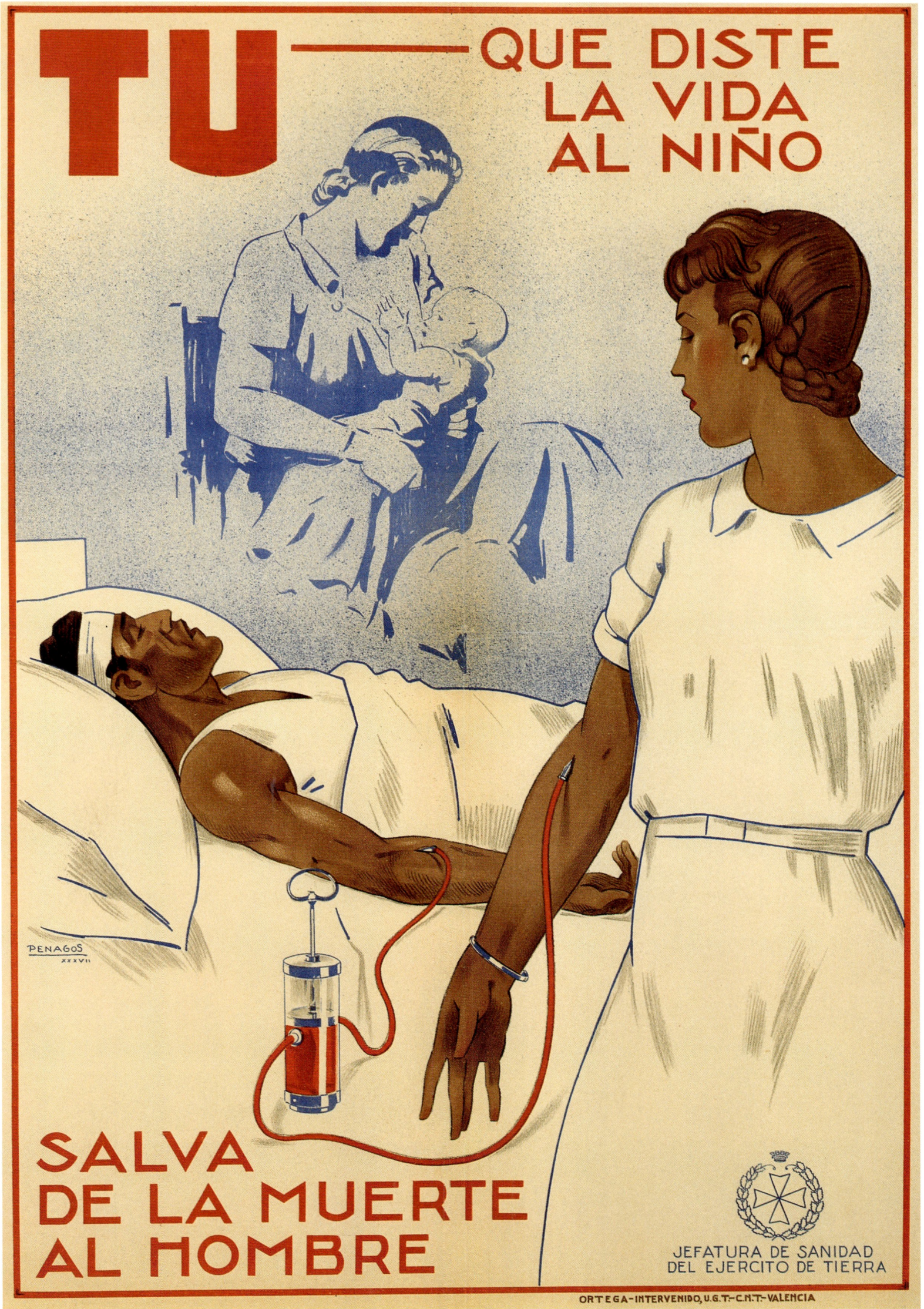

RABALS 1937 100 x 70

GÓMEZ, HELIOS   1936   110 x 68

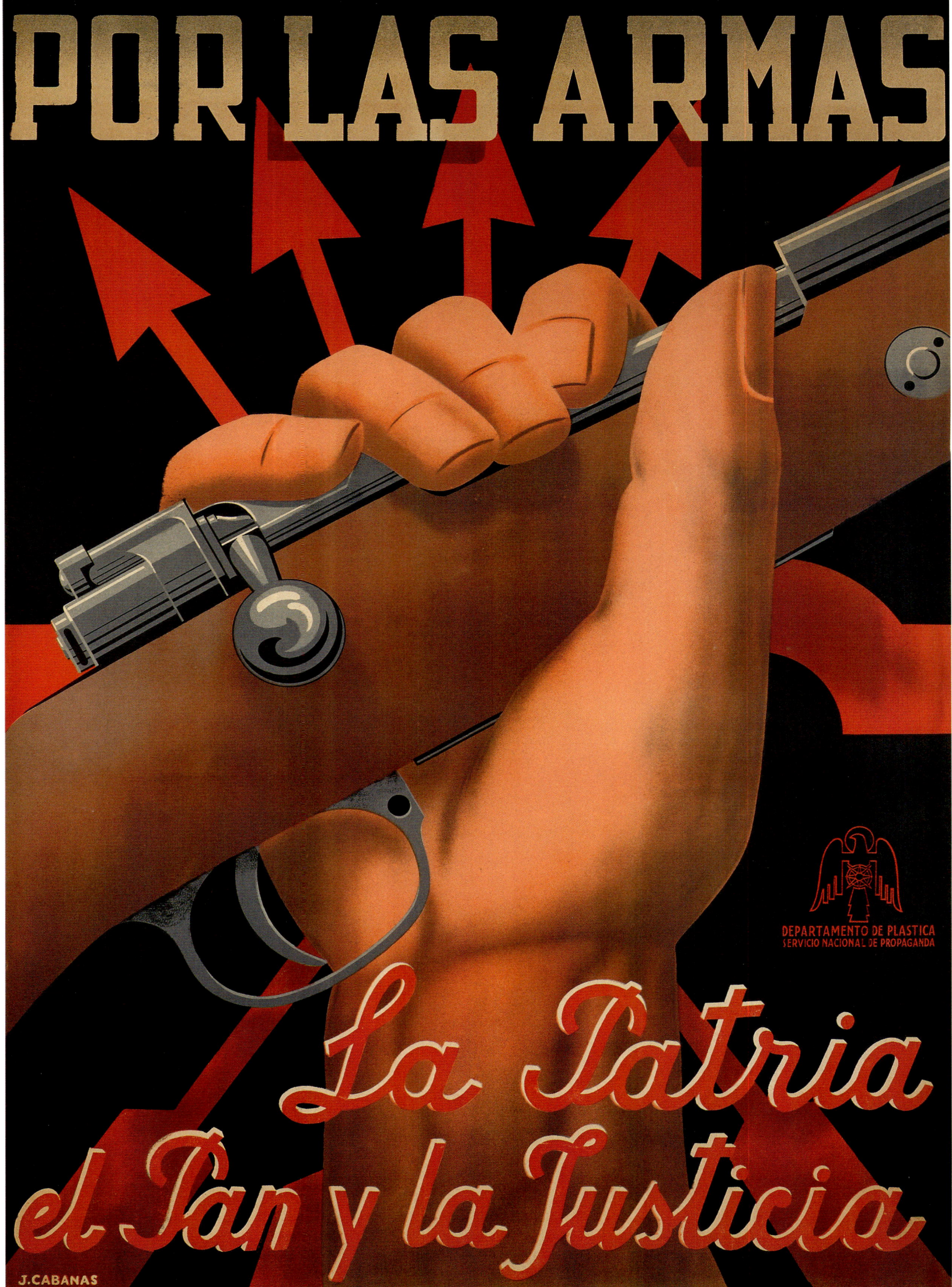

ANÓNIMO   c. 1937   100 x 70

SAENZ DE TEJADA 31 x 30

Cara al sol con la camisa nueva.

SAENZ DE TEJADA 1940 31 x 30

Que tú bordaste rojo ayer.

SAENZ DE TEJADA 1940 31 x 30

Me hallará la muerte si me lleva
Y no te vuelvo a ver.

SAENZ DE TEJADA 1940 31 x 30

Formaré junto a los compañeros
Que hacen guardia sobre los luceros,
Impasible el ademán,
Y están presentes en nuestro afán.

SAENZ DE TEJADA 1940 31 x 30

Si te dicen que caí,
Me fui
Al puesto que tengo allí.

SAENZ DE TEJADA 1940 31 x 30

Volverán banderas victoriosas,
Al paso alegre de la paz.

SAENZ DE TEJADA 1940 31 x 30

Y traerán prendidas cinco rosas,
Las flechas de mi haz.

SAENZ DE TEJADA 1940 31 x 30

Volverá a reir la primavera,
Que por cielo, tierra y mar se espera.

SAENZ DE TEJADA 1940 31 x 30

¡Arriba, escuadras, a vencer,
Que en España empieza a amanecer!

RIBERA PACO   1939   68 x 94

MORELL, JOSEP   1939   125 x 90

ANÓNIMO   c. 1939   100 x 72

BELLVER Y DIAGO   1939   102 x 72

1. Medalla española de la «Vieja Guardia».- **2.** Gran Cruz de Alfonso X el Sabio.- **3.** Placa de la «Gran Orden Imperial de las Flechas Rojas».- **4.** Medalla de oro al Valor Militar (Italia).- **5.** Eslabón del Collar de la Gran Cruz de Alfonso X el Sabio.- **6.** Cruz del Mérito Militar, blanca, de 1ª clase.- **7.** Cruz de la Orden Civil y Militar de los Santos Mauricio y Lázaro (Italia).- **8.** Gran Collar de la Orden Imperial de las Flechas Rojas.- **9.** Placa del Mérito Militar, blanca, de 2ª clase.- **10.** Placa del Mérito en Campaña.- **11.** Placa de la Cruz Alemana de Oro (Alemania).- **12.** Cruz de Hierro con la Hoja de Roble y Espadas y Brillantes (Alemania).- **13.** Medalla de Plata del Partido Nacionalista Alemán, por quince años de servicio activo en el mismo (Alemania).

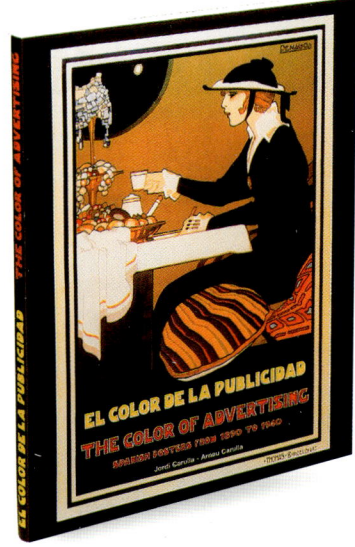
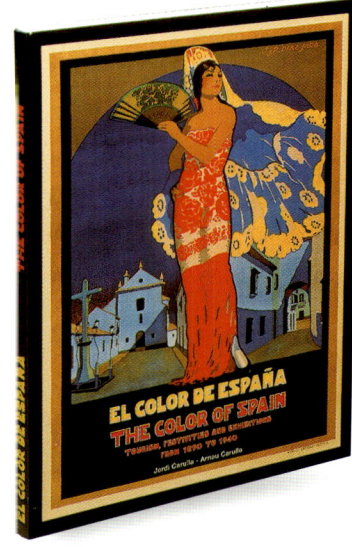
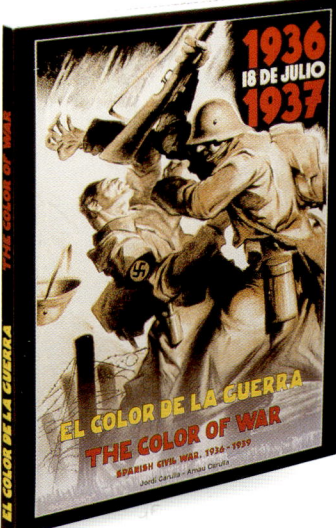

THE COLOR OF ADVERTISING
112 Pages
109 posters
1 volume

THE COLOR OF SPAIN
112 Pages
130 posters
1 volume

THE COLOR OF WAR
112 Pages
107 posters
1 volume

THE COLOR OF LEISURE
112 Pages
146 posters
1 volume

Los 500 carteles reproducidos entre los cuatro libros de arriba son una selección de los 6.763 que contienen los cuatro libros cuya portada se reproduce abajo.

Estos cuatro títulos, fueron concebidos desde su origen como una unidad, con el objetivo de reproducir una selección de carteles que fuera una completa y ponderada representación de los distintos ámbitos donde se desarrolló el cartelismo artístico en España. Del total de 6.763 carteles reproducidos casi 3000 fueron impresos antes de 1936, otros 2.300 corresponden o están relacionados con el periodo bélico de 1936 a 1939 y los restantes 1.500 a las dos décadas siguientes. Al pie de cada uno figura el autor, las medidas en centímetros, el año de impresión y el taller litográfico que lo imprimió.

The 500 posters reproduced in the four books above are a selection of the 6,763 contained in the four books depicted below. The four compilations below were organized from the outset as a single collection intended to reproduce a complete and representative selection of posters from each of the different sectors served by the spanish poster art in Spain.

They were also designed as a testimonial in admiration of the genuine masters of Spanish poster art, namely, the artists responsible for the creations and the generally nameless lithographic draftsmen who transferred the original artist's drawing to the stones or lithographic plates, the period print shops that pulled the prints, the sponsors who paid for them, and the collectors who have preserved works designed to have a lifetime as short as their message down to the present day.

The above four titles contain a total of 6,763 poster reproductions, with the artist, the size in centimetres, the year of printing and the print shop appearing in a caption under each one.

Of the 6,763 posters, almost 3,000 were printed before 1936, while 2,300 are related to the Spanish Civil (1936-1939). The remaining 1,500 were printed in the next two decades.

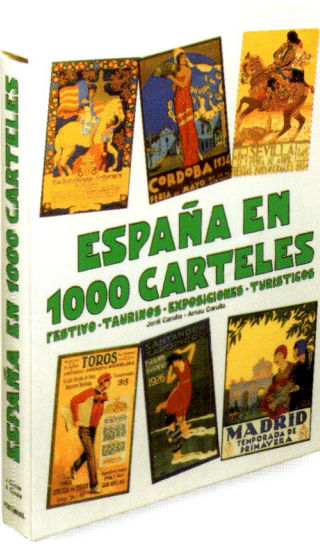
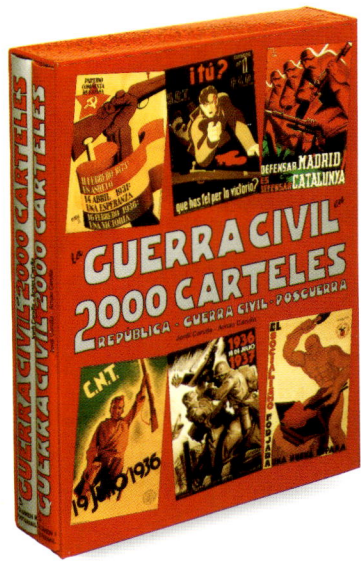
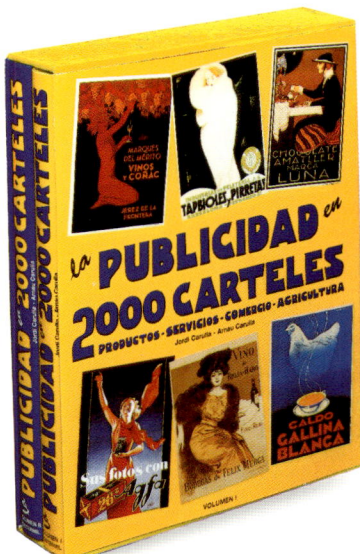

CATALONIA IN 1000 POSTERS
416 Pages
1050 posters
1 volume

SPAIN IN 1000 POSTERS
432 Pages
1111 posters
1 volume

THE SPANISH CIVIL WAR IN 2000 POSTERS
640 Pages
2434 posters
2 volumes

SPANISH ADVERTISING IN 2000 POSTERS
640 Pages
2252 posters
2 volumes

ORIGEN DE LOS CARTELES DE ESTA PUBLICACIÓN
ORIGIN OF THE POSTERS WHICH APPEAR IN THIS BOOK

Cataluña en 1000 carteles. Los carteles catalanes modernistas de principios de siglo forman el conjunto más importante de este volumen. Están distribuidos a lo largo de sus diez capítulos. Se trata de los primeros artistas que se dedicaron al cartel litográfico, destacando entre ellos **Pellicer, Labarta, Cusachs, Casas, Riquer, Rusiñol, A. Utrillo, M. Utrillo, Cidon, Gual, Brunet y Camps.** Como indica el subtítulo, todos los carteles son anteriores a 1939, es decir, pertenecen al periodo que va desde sus orígenes hasta la Guerra Civil. Las restantes temáticas son parecidas a las tratadas en **La Publicidad en 2000 carteles**, pero referidas solamente a Cataluña. A pesar de ello no hay ningún cartel reproducido en los dos volúmenes mencionados, a saber, **La Publicidad en 2000 carteles** y **Cataluña en 1000 carteles.**

España en 1000 carteles. Los 1.111 carteles de este volumen están repartidos en cuatro capítulos que se corresponden con las temáticas de fiestas y ferias, toros, exposiciones y turismo. La ordenación en cada capítulo no es por artistas, ni cronológica, sino geográfica. Todas las fiestas tradicionales españolas están representadas en la medida en que utilizaron el cartel, destacando las diversas ferias andaluzas, los sanfermines y las ferias y fallas valencianas. El capítulo dedicado al turismo contiene la serie completa de los carteles editados por el Patronato Nacional de Turismo (PNT) en 1929. Fundamentalmente se trata de los carteles editados por iniciativa de instituciones públicas de toda España y, por tanto, sus temáticas son distintas de las tratadas en **La Publicidad en 2000 carteles**. Tampoco contiene carteles repetidos en los otros títulos.

La Guerra Civil en 2000 carteles. En dos volúmenes y a lo largo de cincuenta capítulos se reproducen los carteles del conflicto bélico. Los cuatro primeros capítulos están dedicados a los carteles republicanos de preguerra y electorales. Después figuran cuarenta capítulos dedicados a la producción litográfica de los carteles de la Revolución y la Guerra Civil en el bando republicano durante el periodo bélico (1936-1939). Estos cuarenta capítulos ordenan los carteles de acuerdo con las consignas, la cronología de los acontecimientos y con la filiación política, a fin de ayudar a entender el dinamismo histórico de la guerra. Los siete últimos capítulos están dedicados al bando nacionalista y a la propaganda franquista en la posguerra. La desproporción en el material reproducido de cada bando refleja la realidad de la propaganda que se editó durante la contienda.

La Publicidad en 2000 carteles. Los dos volúmenes de este título contienen 2.252 imágenes referidas a toda España. De ellas 1.350 son anteriores a la Guerra Civil y solamente 272 son posteriores a 1950. Cada volumen consta de tres secciones y treinta apartados.

El volumen I, reproduce carteles de: Publicidad de productos de consumo – Comercio – Agricultura – Industria – Servicios – Ahorro – Protección – Infancia.

El volumen II, reproduce carteles de: Deportes – Espectáculos – Fiestas – Ocio – Publicaciones – Artes Gráficas.

Cataluña en 1000 carteles (*Catalonia in 1000 Posters*). Modernist Catalonian posters from the early years of this century make up the most important group in this volume, composed of 10 chapters. The artists included were the first to concern themselves with lithograph posters, chief among them being Pellicer, Labarta, Cusachs, Casas, Riquer, Rusiñol, A. Utrillo, M. Utrillo, Cidon, Gual, Brunet, and Camps. As indicated by the book's subtitle, "Desde los orígenes hasta la Guerra Civil" ("From the Beginnings to the Civil War"), all the posters are from before 1939. The subjects are similar to those contained in La Publicidad en 2000 carteles (see below) but deal only with Catalonia. Even so, none of the poster have been repeated in either of these two books.

España en 1000 carteles (*Spain in 1000 Posters*). The 1,111 posters reproduced in this volume have been arranged in four chapters, one each for the following subject matters: festivals and celebrations, bullfights, exhibitions, and tourism. Within each chapter the posters have been arranged geographically rather than by artist or year. All the traditional Spanish festivals that used poster art have been included, namely, the different Andalusian festivals, the Sanfermines in Pamplona, and the Fallas in Valencia. The chapter on tourism sets forth the complete series of posters issued by the Patronato Nacional de Turismo (PNT). (National Tourism Board) in 1929. In the main the posters in this volume were printed on commission by public institutions from all over Spain, hence their subjects are different from those in the posters in La Publicidad en 2000 carteles (see below). As in the case of the preceding volume, none of the posters in this compilation have been repeated in any of the other titles in the collection.

La Publicidad en 2000 carteles (*Advertising in 2000 Posters*). The two volumes issued under this title present 2,252 posters from all over Spain. Of the posters reproduced, 1,350 are pre-Civil War, and only 272 are from after 1950. Each volume consists of three sections and has 30 chapters.

Volume I contains reproductions of advertising posters for consumer goods, posters for the trade, agriculture, industry, service, and savings sectors, and posters dealing with the subjects of safety and childhood.

Volume II contains reproductions of posters on the topics of sports, entertainment, festivals, leisure activities, publications, and graphic arts.

La Guerra Civil en 2000 carteles (*The Civil War in 2000 Posters*). This compilation reproduces the posters from the Civil War in 50 chapters in two volumes. The first four chapters present posters of the Republic and election posters printed during the pre-war period. The next 40 chapters are given over to lithograph poster production on the themes of revolution and civil war on the Republican side in the wartime period (1936-1939), arranged by catchword, chronological order of events, and political affiliation, to help furnish an understanding of the historical course of the civil war. The last seven chapters are given over to the Nationalist side and the post-war propaganda of the Franco regime. The disparity in the amount of the material reproduced for each of the two sides is a reflection on the actual propaganda efforts made during the conflict.

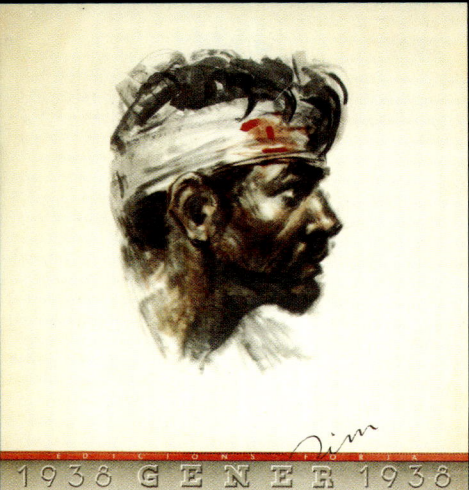
ACERO
EN EL ROSTRO, EN LA CABEZA Y EL CORAZÓN.

A LA DESCUBIERTA
A RASTRAS EN LA NOCHE DE LA TRINCHERA, ILUMINADOS SOLAMENTE POR LA LUZ DEL CORAZÓN.

AZUL Y BLANCO
LA GUARDIA A BORDO, EL ALMA Y EL FUSIL ESPECTANTES.

¡AL ASALTO!
CAE MUERTO EN EL UMBRAL DE LA INMORTALIDAD...

MARINA
EL HIERRO DE LOS ACORAZADOS ENDURECE LOS MÚSCULOS Y NERVIOS DE NUESTRA HERÓICA GENTE DE MAR.

CABALLOS
LOS TANQUES PUEDEN COMPETIRLOS EN VENTAJA GUERRERA, PERO NO QUEDAN TAN DECORATIVOS.

DISCIPLINA
EL RITMO DE UN "BALLET" INTERPRETADO POR VOLUNTADES GIGANTES.

DIÁLOGO
¿QUIERES UN JUGETE?
¿QUIERO LA VICTORIA?

GALOPE
LOS HOMBRES, LOS CABALLOS Y LAS BANDERAS, FUNDIDOS EN UN TRIUNFAL APOTEOSIS.

PASO A PASO
EL ANDAR DEL SOLDADO, LLEVANDO A CUESTAS EL DEBER, PERO TAMBIÉN LA GLORIA.

OBUSES
EL PECHO DE LOS MARINOS Y EL ACERO DE LOS OBUSES, DOS FACTORES DE LA VICTORIA EN EL MAR.

LA COLUMNA
LOS HOMBRES MARCHAN HACIA UNA AURORA DE TRIUNFOS

SIM (REY VILA) COMISSARIAT DE PROPAGANDA. 12 ESCENAS DE GUERRA

CALENDARI 1938 PSUC.UGT

EL CAUDILLO

EJÉRCITO REGULAR

ORGANIZACIONES JUVENILES

TERCIO

LA FALANGE

REQUETÉS

SANIDAD MARINA

AVIACIÓN EJÉRCITO MARROQUÍ

LOS SALVADORES DE ESPAÑA
Colección de 10 Tarjetas Postales homenaje al Glorioso Ejército Español y Milicias que luchan por la salvación de España

EJÉRCITO Y MILICIAS

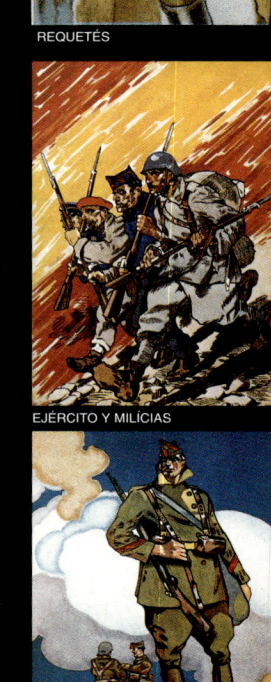
EJÉRCITO Y MILICIAS

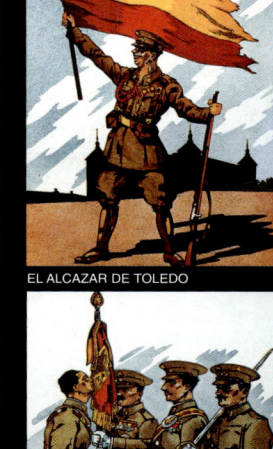
EL ALCAZAR DE TOLEDO

LOS SOLDADOS

EL BESO DE LA BANDERA

GUARDIAS DE ASALTO

LAS TROPAS MARROQUÍES LOS LEGIONARIOS

LOS REQUETÉS

LA GUARDIA CIVIL

LA FALANGE

2 COLECCIONES DE 10 POSTALES DE CARLOS SÁENZ DE TEJADA Y URIARTE